Cinema, imagem e psicanálise

PSICANÁLISE PASSO-A-PASSO

Direção: Marco Antonio Coutinho Jorge

Ver lista de títulos no final do volume

Tania Rivera

Cinema, imagem e psicanálise

2ª edição

ZAHAR

Grafia atualizada segundo o Acordo Ortográfico da Língua Portuguesa de 1990, que entrou em vigor no Brasil em 2009.

Capa
Sérgio Campante

Composição
TopTextos Edições Gráficas

Impressão sob demanda
UmLivro

Papel
Offset, Suzano S.A.

CIP-Brasil. Catalogação na fonte
Sindicato Nacional dos Editores de Livros, RJ

R522c 2. ed.
Rivera, Tania
Cinema, imagem e psicanálise / Tania Rivera. — 2ª ed. — Rio de Janeiro: Zahar, 2011.
(Passo-a-passo; 85)

Inclui bibliografia
ISBN 978-85-378-0096-6

1. Psicanálise e cinema. I. Título. II. Série.

10-6496
CDD: 791.43019
CDU: 791.235:159.9

[2020]

EDITORA SCHWARCZ S.A.
Praça Floriano, 19, sala 3001 — Cinelândia
20031-050 — Rio de Janeiro — RJ
Telefone: (21) 3993-7510
www.companhiadasletras.com.br
www.blogdacompanhia.com.br
facebook.com/editorazahar
instagram.com/editorazahar
twitter.com/editorazahar

FSC
www.fsc.org
MISTO
Papel produzido a partir de fontes responsáveis
FSC® C128038

A marca FSC® é a garantia de que a madeira utilizada na fabricação do papel deste livro provém de florestas que foram gerenciadas de maneira ambientalmente correta, socialmente justa e economicamente viável, além de outras fontes de origem controlada.

Sumário

Introdução

De uma cidade qualquer, em um ponto escondido em uma casa ou edifício, pode-se ver todo o universo. Uma brecha mostra, a um só tempo, todas as imagens do mundo. As cidades, os pássaros, cada carro em movimento e cada folha caindo, cada homem, cada olho vendo cada figura, cada rosto, cada dor. Todas as imagens já concebidas, já realizadas, já vividas pelo homem. Cartas, segredos, múltiplas revelações. Imagens que se dobram em outras imagens, justaposições, esfumados, hologramas. *Aleph* tão valioso que deve ser esquecido, para Jorge Luis Borges. Fechemos rápido os olhos a tal revelação maravilhosa e terrível, umbigo do mundo ou talvez máquina do mundo — como queria Carlos Drummond de Andrade —, que deve logo se reencerrar.

Ou cerremos só um pouco os olhos, na tentativa de organizar esse extraordinário jorro visual e fazer dele um fluxo de imagens em movimento. Regulando seu ritmo, enquadrando seus excessos, é possível forjar uma sintaxe que possa conformá-lo em uma narrativa. Mas será o cinema capaz ainda de transmitir a mágica e louca poesia de um *aleph*?

O escritor italiano Italo Calvino, em um escrito biográfico sobre sua adolescência, afirma que o cinema era, para ele, o mundo. Um mundo pleno e coerente, ao contrário de sua vida, que não era mais do que um amontoado de elementos heterogêneos, sem forma, "como que juntados ao acaso".

Temos aí uma dimensão da imagem que não deixa ver as falhas e nos dá a ilusão de um mundo homogêneo e bem-organizado (mesmo quando trata de temas complexos e problemáticos, como a violência, por exemplo). Podemos chamá-la de imagem-muro. Ela é antianalítica, faz-nos esquecer da terrível sentença de Freud de que o eu não é mais senhor em "sua própria casa" — pois o inconsciente nos tira o tapete e denuncia como ilusão o domínio que teríamos de nós mesmos e do mundo. Nessa dimensão, a imagem é tranquilizadora, ela nos recentra, nos faz senhores de nossa própria casa — e de nosso próprio cinema. Ao lado dessa vertente da imagem, porém, perfila-se uma outra que não deixa de estar presente no cinema, a imagem-furo — agenciamento de imagens que nos põe em questão, problematiza a realidade e pode nos colocar na vertigem, por vezes poética, de um mundo heterogêneo do qual não somos senhores. Brechas entre imagens, espaço irreconhecível, caos pulsante que é a própria vida. Terrível e maravilhoso *aleph*.

Após se deixar encerrar entre as paredes da sala de projeção, Roland Barthes dizia gostar de sair do cinema. Já o cultuado diretor francês Chris Marker nota que metade do tempo que passamos nesta sala estamos no escuro — e é essa porção escura que nos acompanha quando saímos, é ela "que fica conosco, que fixa nossa memória de um filme". Entre cada um dos 24 quadros por segundo que nos dão a ilusão de contiguidade a seu sucessor, há um lapso, um intervalo no mais das vezes invisível, porém fundamental.

Entre a presença de imagens em sucessão e o escuro — o intervalo que o filme nos apresenta (ainda que não o percebamos) —, o cinema pode nos tranquilizar em um mundo homogêneo, ou lançar-nos na vertigem de um *aleph*. A arte, podemos dizer de uma forma geral — e, portanto, sempre um tanto grosseira —, desperta no homem o que há nele de mais agudo e essencial, trazendo à tona, numa brecha fulgurante, o que faz dele um sujeito.

Não é à toa que o cinema se interessa por vezes pela psicanálise (em geral, de maneira caricata). E também não é à toa que a psicanálise pode se interessar pelo cinema. À psicanálise interessa esse mesmo ponto agudo da constituição, da dor e da fruição do sujeito. A psicanálise nasce entrelaçada à arte, com a tragédia *Édipo rei*, de Sófocles, seguida de *Hamlet*, de Shakespeare. Já na *Interpretação dos sonhos*, Freud se interessa pela questão do efeito da tragédia sobre nós. Ele não deixará de convocar obras diversas, principalmente literárias, mas também de Michelangelo e Leonardo da Vinci, por exemplo, para construir sua teoria. A arte e a literatura aí servem, às vezes, como mera ilustração. Mas o próprio Freud notava que o artista (nós diríamos, a obra) detém mais saber sobre o inconsciente do que o psicanalista. Logo, não se trata de aplicar a psicanálise às obras para apontar nelas alguma verdade que apenas esta disciplina poderia revelar. Ao contrário, trata-se de buscar conhecimento sobre o homem nessas obras e, mais especificamente, com elas aprender sobre o sujeito e sua relação com a imagem.

Não farei aqui, portanto, interpretações de filmes, de seus criadores ou de seus personagens, como se fossem analisandos em nosso divã. Tentarei, sim, seguir o apelo que as obras exercem sobre nós, convidando-nos a experimentar (e refletir sobre) isso que chamarei, com Lacan, de efeito de sujeito, fulguração e báscula capaz de pôr-nos radicalmente em questão.

O próprio Freud não se interessava pelo cinema e jamais escreveu sobre ele. Talvez reprovasse nele a mistificação, a "suave narcose" que, no fim dos anos 1920, irá caracterizar como função da arte. Lou Andreas-Salomé, a psicanalista que foi íntima de Nietzsche e Rilke, esboça em 1913 uma tentativa de defesa desta que seria a "cinderela" das artes, avançando a ideia de que a rapidez da sucessão de imagens permitida pela técnica cinematográfica corresponderia mais ou menos às nossas faculdades de representação e imitaria também, em certa medida, "sua versatilidade". Ela, porém, guarda em seu diário, quase envergonhada, a pergunta sobre o que o futuro do cinema poderia vir a significar para nossa constituição psíquica — "o sapatinho de cristal desta cinderela".

Será mesmo o cinema, como sucessão de imagens, análogo ao funcionamento psíquico? Seja como for, Lou parece prever que o cinema acabaria sendo um domínio cultural privilegiado para se refletir sobre o sujeito. Nossa "constituição psíquica" parece encaixar-se perfeitamente nesses pés hoje já principescos. Somos sujeitos cinematográficos.

A cena da realidade

Cinema e psicanálise são rigorosamente contemporâneos. Nos últimos dias de 1895, ano em que Freud publica com Breuer seu primeiro livro, *Estudos sobre a histeria*, onde é extensamente apresentado o método psicanalítico, os irmãos Lumière fazem as famosas primeiras projeções públicas de seu cinematógrafo em Paris. Estas costumam ser tomadas como marco do surgimento do cinema — apesar de outros pesquisadores, como Thomas Edison, nos Estados Unidos, e os também irmãos Max e Emil Skladanowsky, na Alemanha, estarem, neste mesmo momento, aperfeiçoando máquinas semelhantes.

É curioso que Freud jamais tenha se ocupado dessa nova arte, apesar de conceder lugar privilegiado em sua obra a analogias entre aparelhos ópticos e o aparelho psíquico. Em 1909, chegando aos Estados Unidos para proferir conferências na Universidade Clark, ele foi pela primeira vez ao cinema, em Nova York. Ernest Jones, um dos discípulos que o acompanhavam, relata a falta de entusiasmo do pai da psicanálise por essa nova diversão em contraste com a juvenil exaltação de seu colega Ferenczi. Àquela altura, a cidade estava cheia de Nickelodeons, onde as massas operárias pagavam um níquel para se comprimir, alguns de pé no fundo da sala, e poder ver os filmes de atração que constituíam a produção de então. Como era de praxe no meio burguês, que defendia naquela época a nobreza do teatro frente ao cinema nascente, Freud não se deixaria impressionar pelo que deve ter sido um conjunto de filmes curtos de uma única ou algumas poucas tomadas em plano fixo, sem grande elaboração narrativa, mostrando situações simples e mais ou menos anedóticas, descritas por Jones como "desenfreadas correrias".

Freud era um homem de gosto austero que amava os clássicos e, apesar de afirmar comover-se profundamente com obras de arte, confessava uma inclinação racionalista, ou "talvez analítica", que o faria obter prazer apenas daquilo cujo efeito pudesse compreender. Não surpreende seu aparente desdém pelo procedimento técnico que tem como precursores curiosos dispositivos de ilusão de óptica que costumavam ser exibidos em feiras e similares como meros divertimentos. Ainda predominavam, em 1909, filmes compostos da colagem de planos gerais, conforme a relação espacial herdada do teatro. O cinema aperfeiçoava seus meios técnicos e descobria na montagem a possibilidade de contar histórias, mas ainda não havia desenvolvido os códigos de articulação entre as imagens que hoje nos parecem tão "naturais". Somente em 1910 começariam a ser usados intertítulos apresentando fragmentos de diálogos, mas, a partir daí, a evolução seria meteórica: lançado em 1915, *O nascimento de uma nação*, de David W. Griffith, já traz as linhas gerais da sintaxe de relações espaciais e temporais entre os planos capaz de ser lida, ao lado dos elementos escritos nos intertítulos, de maneira mais ou menos direta pelo público.

Até cerca de 1920, porém, ainda era comum na Espanha, por exemplo, a figura do explicador, homem que permanecia ao lado da tela durante a projeção do filme para explicar ao público o que ele via. O *lecturer*, como era chamado em inglês, chegou a ser obrigatório por lei nos Estados Unidos, para garantir, como nota Arlindo Machado, uma moldura civilizante (e moralizante) à sala escura, além de tornar compreensíveis os primeiros filmes. Mais do que uma invenção técnica, súbita e revolucionária, que poria em movimento as imagens de forma autoevidente, o cinema é, portanto, uma linguagem que foi-se constituindo, ao longo de suas primeiras duas décadas, ao mesmo tempo em que construía seu público, acostumando-o a certas convenções que permitem sua recepção como uma narrativa. O cinema, décadas após a invenção da fotografia, mostrou que a apresentação "direta" da realidade, a possibilidade de reproduzir tecnicamente, de modo quase inteiramente fiel, o olhar humano, não torna as imagens autoexplicativas. Ao contrário, o cinema nos faz ver que a imagem nunca é uma realidade simples. Como afirma o filósofo francês Jacques Rancière, trata-se, no cinema, de um conjunto de operações, de "relações entre o dizível e o visível, maneiras de jogar com o antes e o após, a causa e o efeito".

É no contexto cultural de uma construção do apetite do olhar pela realidade, sem dúvida marcado pela difusão da fotografia, que o cinema atinge em cheio o gosto popular e ajuda a constituir uma cultura de massa. Nas últimas décadas do século XIX, como afirmam os historiadores, Paris estava tomada por vitrines de apresentação da vida "como ela é", testemunhando (e construindo) uma busca popular por espetáculos de realismo extremo. O maior exemplo disso é a exposição de cadáveres no necrotério de Paris. Sob a justificativa de busca de identificação dos corpos encontrados pela cidade, são expostos em uma vitrine cadáveres que atraem verdadeiras multidões. Em 1886, o corpo de uma menina de quatro anos leva ao necrotério 150 mil "espectadores", segundo estimativas de jornais da época. Na calçada em frente, vendem-se laranjas, doces e pedaços de coco. Apesar da mobilização policial para conter a multidão, houve um considerável tumulto, com chapéus e guarda-chuvas destruídos, gritaria e mulheres desmaiando.

A difusão da imprensa, com suas notícias de crimes e outros *faits divers*, além de novelas em capítulos, parece ser um dos fatores que impulsionam o interesse do povo por esse "realismo" que se revela enquadrado pela narrativa jornalística e literária. O museu Grévin, inaugurado em 1882, exibe réplicas humanas de personagens famosos em cera, nos moldes do Madame Tussauds, em Londres. Mas o museu francês é concebido como um "jornal vivo". Em ambientes cuidadosamente construídos, da maneira mais realista possível, o público pode então ver grandes personagens históricos, como Napoleão, ao lado de figuras como a cantora de cabaré Yvette Guilbert — que, digamos de passagem, Freud muito admirava. Os nomes que se leem no jornal tornam-se visíveis e vêm alimentar o gosto pela "realidade", por uma captação visual da "vida", e a construção da vida moderna como um espetáculo.

Na mesma época, florescem os chamados panoramas e dioramas, que recriam paisagens e situações de extremo detalhamento ilusionista, lançando às vezes mão de engenhosas manipulações em busca de um efeito de vivência que fosse além do *trompe l'oeil* oferecido pela pintura. A recriação de um navio a vapor atracado no Quai d'Orsay permite, em 1889, que os visitantes embarquem e apreciem uma paisagem litorânea que se move, simulando a passagem do navio. Essa atração contou com 1,3 milhão de pagantes. Os panoramas começam a ser *moving pictures*, como chamados nos Estados Unidos: apresentados em movimento ao espectador parado, eles já são movies, antes mesmo do nascimento do cinema. Um panorama de 1892 vai além e, representando o naufrágio de um navio, traz um mecanismo capaz de fazer o aparato oscilar e chacoalhar seus "passageiros" como um verdadeiro barco no oceano.

A Outra Cena

A contrapelo de tal espetacularização da vida cotidiana, Freud cria a psicanálise como uma *talking cure* — como já a batizara Anna O., a paciente cujo caso Breuer expõe nos *Estudos sobre a histeria*. A psicanálise é um método que interdita o olhar (o analista põe-se habitualmente fora de vista, atrás do divã) para posicionar em seu centro a fala do sujeito — a associação livre. Não deixava de ser um tanto espetacular, porém, a maneira como Freud concebia em seus primórdios a tarefa terapêutica: ele buscava cenas vividas que teriam em si valor traumático e que deveriam, para que o tratamento se realizasse, ser relembradas em seus mínimos detalhes. Para suscitar nesses sujeitos a lembrança justa, a experiência revivida visualmente que os teria marcado e seria a origem de seus sintomas, o psicanalista usou primeiro a hipnose, seguindo o exemplo de seu mestre Jean-Martin Charcot. Notando que alguns pacientes resistem à técnica, Freud começa também a empregar o chamado método da "pressão na testa", que consistia em pousar a mão sobre a fronte do paciente, sugerindo-lhe que, após a retirada da mesma, surgiria a lembrança buscada. Apenas após terem "ab-reagido" tais cenas, através desse método que foi significativamente chamado por ele de "catártico", seus pacientes se veriam liberados de seus penosos sintomas.

Tal purificação, a catarse, é tomada de empréstimo do universo da tragédia grega — trata-se do controvertido conceito elaborado por Aristóteles, em sua *Poética*, como a finalidade máxima do espetáculo trágico: a purgação do terror e da piedade. Mas a catarse freudiana opera uma espécie de esvaziamento da dimensão cênica, apesar de tal origem dramática (ou graças a ela, pois a tragédia grega talvez componha uma dramaticidade não espetacular, onde o que não está em cena tem papel fundamental, como salienta Ana Vicentini de Azevedo). É pela palavra, e apenas por ela, que se podem ab-reagir os afetos. A perturbadora excitação provocada pelo trauma não é purificada, em análise, pela ação, cênica ou "real", mas unicamente pela fala do sujeito. "As palavras", como diz Freud, "são substitutas das ações." Em seu relato do tratamento de Elizabeth von R., considerado por ele sua primeira análise, Freud nota que as dores histéricas surgiam enquanto a paciente falava de suas lembranças patogênicas. A dor "participava da conversa", e mais: era capaz de se esgotar pela fala.

As histéricas sofrem de reminiscências, dizia Freud dessas mulheres que imaginamos facilmente desmaiando diante do espetáculo talvez traumático, sem dúvida mórbido, dos corpos se decompondo no necrotério de Paris. Em 1897, Freud descobre, graças a sua autoanálise, que tais cenas talvez não fossem realmente lembranças, talvez não consistissem necessariamente fatos da vida de alguém, mas teriam sido fantasiadas. É a fantasia, cena imaginada, porém central para a constituição daquele sujeito, que o abalaria, mais do que a situação vivida. Não importa, a rigor, se a fala do analisando trata de uma recordação ou de uma fantasia: ela trata, tal é a aposta do psicanalista, do que o marca e perturba, do que o atrai ou repulsa, do que o põe em questão e faz sofrer.

Mesmo após ter abandonado a crença no caráter factual das cenas patogênicas, deixando de lado a hipnose e a pressão na testa em prol da livre fala do sujeito, a chamada associação livre, Freud não deixa de dar um importante lugar ao visual — organizado segundo uma narrativa romanceada. A fantasia é um enredo, um "romance familiar", e é ela que constitui o núcleo que organiza a subjetividade. Como dirá Lacan décadas mais tarde, o sujeito se estrutura em uma linha de ficção. Mas a fantasia não deixa de ser cena, e o sonho, um drama imagético cujo relato verbal será sempre para Freud a via régia para o inconsciente.

O grande Charcot era um homem de seu tempo — ou seja, como dizia ele próprio, "um visual". Com ele Freud aprendeu, durante seu estágio em Paris nos anos 1880, a ver a histeria como cena. Charcot — "um homem que vê", como diz Freud em seu obituário — punha literalmente suas pacientes em cena, no palco do anfiteatro do hospital La Salpêtrière, e elas ali exibiam seus ataques ou sintomas. Nas quintas-feiras, a plateia compunha-se de médicos, mas às terças a apresentação era aberta ao público e alunos, escritores e interessados que frequentavam o hospital como iam, talvez, ao célebre necrotério.

Trabalha na Salpêtrière, na mesma época, um importante fotógrafo, Albert Londe, que se põe a tirar fotos dos pacientes, utilizando seu aparelho de doze objetivas capazes de registrar sequencialmente os movimentos realizados por corpos doentes ou sãos, ao lado de gestos e poses "sintomáticos": contraturas, paralisias, espasmos, diferentes instantes de um ataque histérico ou a bela imagem de uma moça em "sono histérico". Em paralelo à apresentação cênica do mestre Charcot, Londe se alia à técnica da cronofotografia de Marey, que, ao lado de Muybridge, será considerado um dos precursores do cinema. Suas fotografias dos pacientes "nervosos" do grande hospital são belamente inquietantes, elas se dão a ver com gosto, anseiam por serem vistas como um espetáculo, exageram talvez suas esquisitices. Mas algo não está lá, algo falta, algo não se deixa ver. Decompondo o movimento, a fotografia não se mostra capaz de analisar (decompor) a histeria.

Freud retira do palco o sujeito, ao conceber o inconsciente como Outra Cena. Ao psicanalista pede-se "fechar um olho": interessa a Freud o que não se dá a ver, o que faz furo na imagem, como a boca aberta de Irma no famoso sonho que lhe dá a chave da interpretação dos sonhos. A Outra Cena só se constrói em análise, ela é feita do estofo das palavras que estranham o próprio falante. Essa cena não se basta como espetáculo, ela não se dá propriamente a ver, as lembranças a traem e não a trazem como tal. Só a linguagem constrói a Outra Cena, numa sucessão associativa de palavras e imagens capaz de constituir, mais do que um espetáculo, uma zona de sombra onde o sujeito não reencontra sua imagem.

O cinema e o sonho

Dois tipos de experiências são, tradicionalmente, ligados à invenção do cinema: o sonho e a viagem de trem. O trem, que surgiu e se desenvolveu mais ou menos ao mesmo tempo em que a fotografia, vem na primeira metade do século XIX oferecer um modelo de sucessão de imagens em velocidade constante, enquadrando na moldura de suas janelas a paisagem que ele atravessa. Já o sonho apresenta uma produção singular de imagens em movimento, de caráter alucinatório e, portanto, em geral, acompanhadas de uma forte impressão de realidade. O termo grego *eidolon* ("imagem") conota a aparição suscitada por um deus e o fantasma de um defunto, mas também significa a imagem do sonho. Se a origem do termo "imagem" é apontada em geral como oriunda da máscara mortuária, confeccionada no leito de morte do homem célebre, temos também nela a presença do sonho, essa curiosa produção de imagens estritamente singulares, na medida em que são vistas apenas pelo sonhador e, no mais das vezes, de forma particularmente efêmera e condensada no lapso de tempo em que ocorre o sonho, para a partir daí ser retomada, não sem alguma modificação, pela memória incerta do que dele resta.

É justamente com a abordagem do sonho que a psicanálise surge como teoria do homem, e não mais restrita à compreensão de certas patologias, as psiconeuroses. *A interpretação dos sonhos* é a obra que marca, na aurora do século XX, esse surgimento. Freud aí defende, contra a opinião geral da ciência, a importância do sonho, vendo nele uma produção fundamental do sujeito e uma via privilegiada para a análise. O sonho detém significados e é passível de interpretação, como já defendia a tradição milenar que faz dele uma interpretação simbólica, em geral premonitória. Em lugar da potência de prever o futuro, porém, a psicanálise atribui a ele uma apresentação dos desejos mais íntimos do sujeito, escondidos dele mesmo, porque conflituosos. O sonho, diz Freud, é uma realização disfarçada de um desejo inconsciente.

A interpretação dos sonhos é, portanto, estritamente singular: apenas o sonhador pode refazer, associando livremente, a partir do sonho, os caminhos que teriam levado dos pensamentos latentes, inconscientes, à configuração final do sonho. Quem o interpreta é, rigorosamente falando, o próprio sonhador, tomando-o como enigma que nenhum código fixo dos símbolos dos sonhos — os ainda existentes em dicionários de sonhos — poderia solucionar. Pois as substituições simbólicas que o constroem não são fixas e universais, mas sujeitas a uma combinatória particular e ao mesmo tempo infinita. O que Freud chama "trabalho do sonho" é complexo e múltiplo. Dizer que o filme imita o sonho não fornece ao cinema um modelo de construção de imagens em sucessão; antes, põe em relevo a enorme complexidade em jogo na relação entre sujeito e imagem, seja no sonho, seja no cinema.

A primeira lição de Freud sobre os sonhos mostra que aí não se trata de imagens puras, alucinatórias, mas de relações, operações entre o visível e o dizível — exatamente como dizíamos, com Jacques Rancière, a respeito da imagem cinematográfica. Mas, para a psicanálise, o sonho é sobretudo o seu relato. Pois é apenas ao sonho contado que se pode ter acesso direto, e é ele que interessa para a análise, diante da natureza fugidia de suas imagens nelas mesmas. Mesmo assim, o sonho deve ser considerado um material compósito de figuras e palavras, ele é pictograma, escrita pictórica, diz Freud, ele é rébus, charada que mescla elementos visuais a significantes. São as homofonias, os jogos entre significantes, as figuras de linguagem que fornecem seu modo mais típico de funcionamento. No sonho da injeção de Irma, essa analisanda "abre a boca", literalmente mostrando sua cavidade bucal, para fazer ver o desejo de Freud, seu analista, de que ela "abrisse a boca" no sentido figurado — falasse mais, em sua análise.

Trata-se, no sonho como no cinema, de apresentar figurativamente pensamentos ou ideias abstratas — ou melhor, de acordo com Jean-François Lyotard, parece que a linguagem do sonho não seria outra senão a da arte, "combinação indissociável entre o discurso e o sensível, falando a golpes de coisas, fazendo figura com as palavras".

A interpretação de um sonho refaz, pelas associações do sonhador, os caminhos metafóricos e metonímicos (de condensação e deslocamento, como diz Freud) que compuseram suas imagens. Ela transita por essas conexões entre o discurso e o sensível, trazendo para a boca, para as palavras, este olho que, para Lyotard, estaria "não na borda, mas no fundo do discurso". Mais do que chegar a uma leitura última e definitiva das imagens oníricas, porém, a psicanálise indica a limitação, a multiplicidade e o caráter interminável desse procedimento. O sonho se compõe de uma infindável teia de pensamentos, recordações e restos de percepções vividas, e sua interpretação dá origem a sucessivos planos discursivos. Por mais que estes possam se conformar em uma narrativa bem-delineada, eles são fragmentários e giram em torno de um denso ponto cego, enigmático, impossível de interpretar. Diante da boca aberta de Irma, Freud se detém em suas associações, alega não poder se expor mais do que até certo ponto, para reconhecer por fim que "existe pelo menos um ponto em todo sonho no qual ele é insondável — um umbigo, por assim dizer, que é seu ponto de contato com o desconhecido".

Se o sonho é realização de desejo, ele não se deixa apreender na nomeação definitiva de um desejo, pois está submetido ao movimento errático deste que é sempre desejo de outra coisa. O sonho realiza o desejo não no sentido de satisfazê-lo integralmente, mas no sentido de torná-lo real, apresentando o desejo em imagens e palavras. Devemos levar a sério a insistência de Freud de que o sonho seria "a via régia para o inconsciente": tal realização de desejo delineia de forma privilegiada o campo do sujeito.

Freud afirma que "os sonhos são inteiramente egoístas" e nota que outro personagem do sonho pode esconder o próprio eu. De fato, o sujeito parece-nos ser a questão central do sonho. A labilidade, a arbitrariedade de sua posição, contudo, não indica uma reafirmação de seu lugar (egoico) como produtor inconteste do sonho. Antes, o sonho pode lançar a perturbadora e poética questão de Chuan Tzu, relatada por Jorge Luis Borges: seria ele um sábio que sonhara ser uma borboleta, ou uma borboleta sonhando ser um sábio chinês? Diante do sonho, somos sonhadores ou seríamos sonhados?

O sonho põe em questão a posição do eu, assim como pode fazê-lo a imagem — e, em particular, a imagem cinematográfica.

Filmando a psicanálise. *Segredos de uma alma*

Em 1924, o grande produtor de Hollywood Samuel Goldwin anuncia à imprensa que fará um filme sobre célebres histórias de amor, começando por Cleópatra e Antônio, e atravessa o Atlântico para ver Freud e convidá-lo para colaborar nessa produção. Como um dos grandes "especialistas mundiais do amor", Freud receberia nada menos que cem mil dólares. O psicanalista nega-se, porém, a receber Goldwin, alegando estar "indisposto com o cinema em geral desde sua viagem a Nova York em 1909". Segundo o psicanalista Hanns Sachs, o telegrama de recusa teria causado mais sensação em Nova York do que a tradução de *A interpretação dos sonhos*.

Seis meses mais tarde, Freud recebe uma carta de Karl Abraham, então presidente da Associação Internacional de Psicanálise (IPA), consultando-o sobre uma proposta de realização de um filme de "popularização da psicanálise". Hans Neumann, importante produtor alemão e idealizador desse projeto, oferecia a Freud uma vultosa soma e a participação de seus discípulos na elaboração do roteiro. Apesar de afirmar que tal projeto não lhe agradava, Abraham defende-o tenazmente, argumentando que estaria de acordo com o espírito da época e certamente terminaria por ser executado, "senão conosco, com pessoas incompetentes". Freud mostra-se contrário a conceder uma autorização oficial, negando, categórico, a possibilidade de se fazer "uma apresentação minimamente séria de nossas abstrações". A ideia de Goldwin, afirma ele curiosamente, ao menos tinha o mérito de se ater "ao aspecto de nosso tema que permite perfeitamente uma apresentação plástica, a saber, o amor". Já uma apresentação da teoria e da clínica psicanalíticas só poderia resultar em algo insípido. A Outra Cena não se deixaria mostrar — como poderia materializar-se num filme mudo a *talking cure*?

Com Ferenczi, Freud é irônico: "Não se pode evitar o filme, ao que parece, como não escapamos do corte de cabelo *à la garçonne*, mas de minha parte não deixarei que cortem os meus, e pessoalmente não quero ter nada a ver com este filme." No entanto, ele concorda em dar sua autorização caso a obra, uma vez realizada, parecesse a Abraham digna de tal reconhecimento. Provavelmente por razões econômicas — a IPA e sua editora necessitavam de dinheiro —, ele termina, aparentemente, por dar carta branca a Abraham e Sachs, e o filme é realizado inspirando-se em um caso clínico deste último. Ao lado de Neumann está a mais importante produtora desta que é a época de ouro do cinema alemão, a Universum-Film AG. É convidado para dirigir o filme um grande nome, já célebre, G.W. Pabst, e para protagonizá-lo um ator no ápice da carreira, Werner Krauss (o doutor Caligari de Robert Wiene).

Em sua estreia, em outubro de 1926, no principal cinema de Berlim, *Segredos de uma alma* teria causado, segundo Ernest Jones, "grande consternação". Foi, contudo, bem-recebido pela crítica, como registra a cuidadosa pesquisa do psicanalista Patrick Lacoste. Se os casos clínicos psicanalíticos se deixam ler como romances, como já reconhecia Freud em seu texto sobre Dora, por que não serviriam como roteiros de cinema? Em meio às realizações do expressionismo alemão, a psicanálise não destoa do clima sombrio, cheio de *chiaroscuros* e de cenários fantásticos, que muitas vezes evoca uma força demoníaca na constituição humana.

Segredos de uma alma não poderia, é óbvio, mostrar como tal a teoria freudiana, simplesmente porque não é um texto teórico. Esse filme assumiu, contudo, o desafio de dar a ver (e a ler: não esqueçamos os longos intertítulos) o conflito entre o que se revela e o que fica escondido.

Matias é um senhor burguês bem-humorado, preparando-se para fazer a barba pela manhã, quando sua mulher (Ruth Weyher) lhe pede, coquete, que apare uma mecha de sua nuca. No momento exato em que encosta a navalha em seu pescoço, um corte seco traz uma janela abrindo-se e uma mulher gritando: "Socorro! Assassino! Socorro!" Matias deixa deslizar a navalha e olha o corte que produziu na nuca de sua mulher. Um homem acabara de matar a esposa em uma janela próxima.

A cena do crime, invisível, trazida por um grito, dará, latejante, o tom de todo esse curioso filme. Há algo fundamental que não é mostrado, um umbigo, exatamente como no sonho. A edição corta como a navalha para inserir isto que permanece na Outra Cena, mas faz irrupção na cena cotidiana de Matias como uma janela abrindo-se subitamente, e que não lhe deixará em paz senão quando ele empreender o tratamento analítico que constitui toda a segunda parte do filme. A estratégia narrativa estabelece um jogo entre imagem e palavra capaz de figurar o modo de funcionamento do trauma, graças à irrupção de um crime obscuro que toma o protagonista, reativando nele algo sombrio e opaco — os tais segredos que dão título à obra.

Matias começa então a apresentar um sintoma, uma fobia a facas e outros instrumentos cortantes. Isso o impede de jantar com sua esposa e o primo Erick (Jack Trevor), que acaba de chegar do Oriente. Perturbado, ele vai a um bar e esquece, ao sair, a chave de casa sobre a mesa. Um psicanalista (Pawel Pawlow), que estava em uma mesa próxima, pega a chave e o segue até a porta de sua casa, para então estender-lhe a chave e conceder-lhe esta pérola da interpretação selvagem: "Você deve estar com problemas em casa para não querer entrar nela."

Não é à toa que Jones se diz consternado e os psicanalistas hoje tendem a considerar grotesca ou caricatural a posição do analista e algumas interpretações ou apresentação de sintomas e conflitos em *Segredos de uma alma*. Obrigado — como o sonho — a figurar metafórica e metonimicamente o que foge à figuração, é claro que o filme fracassa em apresentar como tais o desejo e sua infatigável seguidora e guardiã, a psicanálise. Não poderia, tampouco, trazer à tona toda a sutileza, as incertezas, as múltiplas repetições e o ritmo flutuante de um tratamento analítico. Ele alcança certo sucesso, contudo, em trazer o modo de funcionamento do trauma — o umbigo inescrutável do sonho — como núcleo de sua estratégia narrativa.

A partir do dispositivo que circunscreve algo que não se vê, um crime, o filme se construirá de forma densa, explorando complexos arranjos entre imagem e palavra que tentam exibir, mas terminam por esconder, disfarçar os tais segredos de uma alma. Ele fracassa em revelá-los cabalmente, pois está condenado a refazer sempre novas camadas de figuração — o latente continua latente, não se chega a interpretações capazes de dissolver (analisar) determinada formação sintomática. Assim, as interpretações apresentadas parecem limitadas, quando não tolas.

Por outro lado, deve-se reconhecer que o filme, de saída submetido à impossibilidade de tornar visíveis certas coisas, opta por recursos engenhosos para jogar com elas. Não apenas o crime que funda a narrativa está fora de campo, também o problema central de Matias — uma provável impotência ou uma inibição que o impediria de realizar o ato sexual — é censurado e deve ser trazido sob disfarce simbólico. Assim, toda a questão da ausência de filhos toma outro relevo, apenas indicado por alguns elementos — como quando o protagonista toma uma faca e se põe a brandi-la ao mesmo tempo em que a câmera focaliza seus quadris movimentando-se com ritmo de trás para a frente, numa alusão ao ato sexual.

Assim como no sonho, os elementos manifestos do filme constituem dobras, "segredos" que não se podem revelar completamente. O sexual pulsa ao longo de toda a narrativa, e não apenas na cena, ousada para a época, de jogos eróticos entre a mulher e Erick. Nesse sentido, o filme tem êxito naquilo a que, segundo um de seus textos de divulgação, se propunha: nada menos do que "mostrar a atividade de pensar". O pensamento, afinal, talvez não seja tão diferente do cinema. Ele, provavelmente, faz-se num emaranhado de imagens e palavras, entre as quais se perfila, cambiante e mais ou menos secreto, o desejo.

O sonho e o sujeito

Se todo filme está irremediavelmente submetido às condições que, no fundo, são aquelas do sonho, *Segredos de uma alma* vai além e traz uma explícita reflexão sobre o sonho (e o cinema). Sua porção central constitui-se justamente de um sonho de Matias, realizando algo que não era inédito no cinema (sabemos que Maurice Tourneur já o havia feito em *The Poor Little Rich Girl*, de 1917), mas que foi saudado pela crítica da época como inovador e fiel à natureza do sonho. Aí Matias voa para escapar de Erick, que, trepado em uma árvore, tenta atirar nele; assiste a cenas eróticas entre o primo e a esposa; vê surgir um vilarejo com um enorme coreto que se eleva excessivamente, girando sempre em espiral; atravessa sem resistência um grande ídolo oriental e realiza mais algumas façanhas graças a truques diversos.

Uma das cenas mais significativas é a do trem, que traz a paixão do cinema pelo símbolo da modernidade e do movimento, colocando Erick no meio de duas locomotivas cortando a tela em diferentes direções, em uma sequência precursora da célebre cena de Dziga Vertov em *O homem da câmera* (1929). Na margem superior da tela, temos ao mesmo tempo uma sequência um tanto enigmática de imagens como janelas iluminadas de um trem, ou talvez a passagem lenta de fotogramas mostrando o intervalo entre eles. Tal fatiamento da tela põe em xeque a ilusão de profundidade em prol de uma denúncia da bidimensionalidade da projeção. Com isso, perdem-se as relações de escala e o homem não entra mais na imagem de forma homogênea: Erick ocupa o centro da tela, grande demais, em relação à locomotiva. Matias, por sua vez, reaparece no contraplano excluído da cena, dela separado por uma barreira de linha de trem. O sujeito aí não tem lugar, ele deixa de ser a medida do trem no espaço — e o espaço fílmico deixa de mimetizar o espaço da realidade em três dimensões para mostrar-se representação cinematográfica. Curiosamente, é na tentativa de apresentar o sonho que o cinema revela sua condição, a construção espacial que lhe é própria. E, com isso, a posição que estende ao sujeito: a de um descentramento em relação à imagem. Matias não é senhor de seu próprio espaço onírico, nós não somos senhores do espaço fílmico.

Como para acentuar essa angustiosa falta de lugar, esse violento questionamento da sua posição frente às imagens do sonho, *Segredos de uma alma* faz do despertar desse pesadelo uma duplicação da posição do sonhador. O momento em que Matias acorda é apresentado duas vezes, em tomadas sucessivas feitas de ângulos e distâncias ligeiramente diferentes. Matias duplica-se ao sentar-se na cama, angustiado, e não se lembra do conteúdo de seu pesadelo. O sonho põe em crise a unidade do eu, duplica-o e aponta suas limitações. "A partir do momento em que sonho ao dormir, é-me impossível esquecer que existo, que um dia já não existirei", escreve o poeta Pierre Reverdy.

O escamoteamento dessa questão crucial gera vários mal-entendidos a respeito da posição "interna" ou não da produção onírica e cinematográfica e da possibilidade de identificação do eu com um personagem ou com o ponto de vista imparcial do narrador (ou da câmera). O sonho, porém, é prenhe de exemplos notáveis a respeito da problematização que ele opera do lugar do sujeito. O sonhador seria aí, como já notava Jean-Paul Sartre, ao mesmo tempo o ponto de vista superior que organiza a situação total do sonho e aquele que o encarna em um objeto qualquer. O filósofo conclui que o ponto de vista é sempre do sonhador em sua posição de criador do sonho, apesar do enfoque ser dado pelo sonhador-sonhado, objeto do sonho. Lacan, porém, mostra-nos que o fundamental no campo do olhar é justamente o fato de sermos olhados, de fora, por uma espécie de Olhar Outro. Assim como o povo nazca, no Peru, traçou enormes linhas no deserto que nunca podiam ser vistas por eles e hoje podem ser apreciadas de avião, um olhar absoluto organizaria a cena na qual buscaríamos nos inscrever, fixando nossa imagem. Não sonhamos, nesta perspectiva, mas somos sonhados (figurados em uma Outra Cena que não dirigimos). Porém, este lugar onde nos fazemos presentes mostra-se radicalmente móvel, incerto, podendo contaminar todo o espaço onírico e se espalhar em todos os elementos. Somos o sonho.

Excêntrico (fora do centro), no sonho (e no cinema, talvez) o sujeito não seria mais que o próprio trânsito de imagens. Assujeitado, ele é jogado em um espaço inqualificável e móvel, denso, onde não se distingue das imagens. Brincando, refaríamos a máxima de Descartes: "So(u)nho, logo existo." A partir dessa construção espacial caótica, o sonho pode fixar o sujeito em uma posição mais ou menos imutável, e com isso retrair suas imagens de modo a torná-las bidimensionais, próximas da situação de uma projeção sobre tela. Apenas quando o sonho encontra-se organizadamente composto, com uma rica elaboração secundária, é que ele se torna "realista", domesticado como imagem projetada em uma firme tela imaginária. Dizemos então, de forma corrente, que o sonho era tão real que parecia um filme.

Mesmo que seja frequente, a confusão entre sonho e cinema não deve nos iludir, ainda que surja por vezes sem intenção, na fala de quem conta um sonho e refere-se a ele como a um filme. O sonho não é, em geral, experimentado como a recepção de um filme. Por vezes, é verdade, sabemos que estamos sonhando e guardamos uma espécie de distância disso que se nos apresenta. Mas o sonho possui uma "fragilidade", como diz Sartre, que faz com que sequer possa ser tomado propriamente como uma "percepção". Não somos, em geral, espectadores de nossos sonhos como filmes projetados em uma tela bidimensional. Há algo óbvio, e, no entanto, frequentemente esquecido a respeito do sonho: seja ou não nítido, o sonho é vivido.

A afirmação de que um sonho seria tão real que pareceria um filme é, por outro lado, escandalosa, ao trazer como critério de fidedignidade o cinema, e não a realidade. Como já vimos com Italo Calvino, o cinema é, de fato, mais realista do que a realidade. Merleau-Ponty já havia notado que "jamais no real a forma percebida é perfeita, há sempre tremidos, rebarbas e uma espécie de excesso de matéria. O drama cinematográfico possui, por assim dizer, um grão mais cerrado que os dramas da vida real, ele se passa em um mundo mais exato que o mundo real". Desse "excesso de matéria" o sonho parece fazer seu estofo, trazendo muitas vezes imagens fluidas, cambiantes, múltiplas. Imagens fugidias e que eventualmente nem são bem imagens, mas uma incerta impressão, não mais do que um modo de apresentação fugaz do sujeito. Da memória tantas vezes vaga e oscilante do sonho vivido, é retroativamente — apenas quando o que se sonhou já foi transformado em palavras — que as imagens parecem mesclar-se a um texto e com ele constituir cenas bem-delineadas.

O sonho pode, então, consistir em uma certa sucessão de imagens organizada por um fio narrativo, de forma mais ou menos análoga à de um filme. Mas é uma operação secundária que permite tal organização de seu material original, que conta com um regime imagético muito distinto, o de imagens-umbigo, imagens mutantes, amálgamas de imagens, e não imagens em sucessão linear e homogênea. A elaboração final que Freud chama de "fachada" do sonho é uma organização sintética que viria só depois de se ter formado o conteúdo onírico. De fato, o sonho nos traz às vezes uma interessante precipitação temporal que nos ajuda a perceber a falácia de sua constituição como série de imagens em sucessão. Devo a um aluno o seguinte relato: ele dormia em uma cama rente ao chão, ao lado de um beliche. Na cama mais alta encontravam-se alguns livros que de repente caem sobre ele, acordando-o. Logo ao despertar ele se lembra do sonho que estava tendo naquele momento, um longo conjunto de eventos que se passava em uma fazenda e que culminava com um esperado e temido coice de burro (vivido na queda dos livros sobre sua barriga que o despertou).

Todo o sentido sintético do sonho só pode, portanto, ter-se formado a posteriori em relação à vivência do sonho, assim como cada frase só adquire seu sentido após seu término, numa precipitação retroativa do sentido. Golpe na barriga ou, com frequência, ruído do despertador, é como se o evento que desperta viesse, no curto lapso de tempo entre ele e o despertar, enquadrar em uma narrativa orientada tudo o que já teria em sonho se apresentado de forma fulgurante, pulsante, múltipla, em trama complexa e não em drama linear.

Em busca do sonho, em busca do Real

É como princípio de desorganização narrativa que o sonho aparecerá, dois anos após *Segredos de uma alma*, no primeiro filme surrealista, *Um cão andaluz*, de Luis Buñuel. O roteiro, escrito por ele em parceria com Salvador Dalí, teria sido, segundo eles, inteiramente baseado em relatos de seus sonhos. A linearidade cronológica é ironicamente desfeita por intertítulos absurdos que indicam um tempo improvável e fracamente ligado à narrativa: "Oito anos mais tarde", "Dezesseis anos antes" ou "Na primavera", tanto faz. Trata-se neste filme de uma série de cenas mais ou menos bizarras ou claramente absurdas que compõem um clima mórbido e erótico, evocando explicitamente, bem ao gosto surrealista, temas psicanalíticos como repressões sexuais, o mundo da infância e a relação com o pai.

Entre as cenas não há contiguidade narrativa, mas apenas a inquietante reiteração de alguns objetos: roupas infantis que se assemelham a um uniforme bastante ridículo, e especialmente uma caixa com listras e fechada a chave. Desse objeto será tirada uma gravata em um determinado momento — mesmo assim, podemos dizer que a caixa atravessa o filme fechada, marcando a presença de algo que não se vê, apesar de essencial, de algo que se impõe ao olhador como um verdadeiro encontro (na lógica do "*objet trouvé*" surrealista), mas permanece enigmático, insondável. No final do filme, a caixa estará destruída ao lado dos trapos em que se transformaram as peças de roupa. Buñuel acredita ser o cinema "o melhor instrumento para exprimir o mundo dos sonhos, das emoções, do instinto". Mais do que expressar o inconsciente, porém, o cinema serve-se aí do sonho para romper a lógica narrativa em prol de uma pungente defesa da violência do olhar.

A cena de abertura, uma das mais famosas da história do cinema, já dá o tom e mostra a tentativa de operar uma cisão no campo do visível, impondo ao espectador um corte na imagem. Um homem (o próprio Buñuel) empunha — como o Matias de Pabst, curiosamente — uma navalha. Ele a afia com ritmo, apoiando-a em uma porta, testa o fio em seu dedo e sai para a varanda. Envolto na fumaça de seu cigarro, olha para cima. A lua está cheia, uma tênue luz indica uma nuvem que se aproxima. Ele dá uma baforada. Um homem de gravata abre os olhos de uma mulher com uma das mãos, com a outra começa a aproximar dele a navalha. A lua é cortada ao meio por uma fina nuvem. A navalha corta ao meio o globo ocular, do qual escorre um grosso líquido.

Buñuel chama de "imbecil" a multidão que teria achado belo ou poético o que neste filme seria "um desesperado, um apaixonado apelo ao assassinato". Ele aponta assim a selvageria do próprio olhar, a violência da célebre frase de André Breton: "O olho existe em estado selvagem." E antecipa o que Lacan, influenciado pelos surrealistas, afirmará anos mais tarde: "O olho é feito para não ver." A visão seria o domínio do engano, as imagens se apresentariam para velar a força disruptiva do olhar — força que Buñuel buscaria reativar, ao caracterizar o cinema como uma "poderosa arma". A própria tela de cinema encarnaria um olhar, ela seria, para o cineasta, uma "branca pupila" que, se pudesse refletir a luz que lhe é própria, poderia fazer "explodir o universo". Por enquanto, porém, continua ele em conferência de 1953, "podemos dormir em paz, porque a luz cinematográfica encontra-se convenientemente dosada e aprisionada".

Mas o cinema algumas vezes buscou, e busca ainda, fugir a esse aprisionamento. Para o teórico de cinema Jacques Aumont, se colocaria hoje para o cinema o desafio de perseguir o "olho móvel", justamente aquele do sonho, em busca do desenquadramento, da construção de imagens móveis, que não se fixariam jamais em um quadro determinado, indo além, portanto, da sucessão de fotogramas em que consiste um filme. O olho do *aleph* de Borges.

O advento da câmera digital e das imagens de síntese, apesar de colocar por terra a natureza da imagem fotográfica e cinematográfica como índice da realidade (prova cabal de que aquilo que ela mostra efetivamente aconteceu, ou, na expressão de Barthes, "*isso-foi*"), nada muda a respeito do regime de sucessão, em intervalos regulares, de imagens fixas e enquadradas. Muitos cineastas e videoartistas, porém, tentam furar o regime narrativo que rapidamente se constituiu como "clássico", em busca de uma potência móvel e fluida da imagem e, com ela, de um apelo mais direto ao sujeito.

O videoartista norte-americano Bill Viola, em *The Passing* (1991), aproxima a câmera literalmente dos olhos do próprio artista adormecido e nos traz uma série de cenas sem conexão narrativa explícita, compondo um percurso bastante onírico que mescla elementos de sua vida pessoal — notadamente cenas de seu filho pequeno e de sua mãe doente e morta em seu velório (teria de ser pungente o vídeo, teria talvez de ser crucial, como o sonho, o nascimento e a morte). É curioso que sejam tomadas realizadas dentro d'água as que mais se aproximam da atmosfera do sonho, ao distorcerem bela e estranhamente as imagens, tornando-as fluidas e um tanto desenquadradas. Mas não entramos no olhar do sonhador, persiste uma distância entre nós e ele — e é justamente tal distância que parece convocar-nos a entrar em certa obliquidade, neste outro regime da representação que se aproxima do que chamei de imagem-furo.

Dentre os cineastas inseridos no circuito comercial, é sem dúvida David Lynch quem mais faz do sonho seu universo, jogando com a narrativa em prol de uma estranheza difusa que impõe ao espectador uma certa excentricidade (ou seja, o "tira do centro"). Em *Cidade dos sonhos* (*Mulholland Drive*, 2001), um prelúdio bastante onírico se encerra com a câmera literalmente mergulhando em um travesseiro vermelho. Dois campos narrativos envolvendo os mesmos protagonistas se seguirão, com inquietantes ressonâncias entre eles. *Império dos sonhos* (*Inland Empire*, 2006), por sua vez, não apresenta explicitamente um sonho, mas consegue a façanha de contaminar todo o filme com uma atmosfera de sonho, com seus closes acentuadíssimos capazes de distorcer um tanto a imagem, sem falar nos desenquadramentos parciais e nos flous. A câmera solta (apenas uma digital de nível amador foi utilizada) e uma grande contaminação entre os planos narrativos (da "realidade" e do "filme" dentro do filme) constroem uma narrativa enigmática que se dobra sobre si mesma, tecendo uma trama complexa e multidirecional, cheia de "umbigos" que põem em questão a posição do espectador e lhe impõem uma ameaçadora estranheza.

Em outra gama da produção cinematográfica atual, Gus van Sant consegue impingir a seus filmes um caráter real — e não realista — graças a uma grande acuidade da imagem, ao lado do uso da câmera lenta e de narrativas fragmentadas. Em *Paranoid Park* (2007), ele usa atores não profissionais e emprega o 35mm e o super-8 de maneira a acentuar o grão da imagem e torná-la quase onírica, por carregar aquilo que vimos Merleau-Ponty chamar de "excesso de matéria". Tal excesso convida a uma implicação na imagem capaz de levar a uma vivência delicada porém potente da narrativa. Essa convocação está ligada ao que o crítico e teórico de arte norte-americano Hal Foster chama, em seu livro de 1996, de "retorno do real": uma mudança de concepção "da realidade como efeito da representação para o real como uma coisa de trauma".

O escuro, a fotografia e o fragmento. *La jetée*

La jetée (*O molhe*), filme de 1962 do cineasta francês Chris Marker, é uma extraordinária reflexão sobre o cinema, suas relações com a fotografia e sua potência narrativa, ao mesmo tempo em que consiste numa delicada e pungente reflexão sobre a imagem e a memória. Esse filme singular, de 28 minutos em 35mm, que Marker caracteriza como uma fotonovela, é quase todo feito de imagens fotográficas. Apenas poucos segundos, no centro do filme, são uma sequência cinematográfica. Todo o resto apresenta imagens fixas, de duração variável, que se sucedem em fusão ou corte seco, ou ainda, com a apresentação de tela negra marcando o intervalo entre elas.

O filme é *a história de um homem marcado por uma recordação de infância. A cena que o perturbou, por sua violência, e cuja significação só muito mais tarde ele compreenderia, teve lugar no grande molhe de Orly, alguns anos antes do início da Terceira Guerra Mundial.* [Vê-se em *contre-plongée* o detalhe de uma das torres de iluminação do aeroporto, em seguida um plano mais geral do aeroporto. Ouve-se a chamada de um embarque para Roma.] *Em Orly, no domingo, os pais levam seus filhos para ver os aviões decolarem.* [Um avião parado na pista, o menino de costas pendurado na grade do guarda-corpo com seus pais, o detalhe dos pés do menino, algumas aeromoças no pátio, a ponta do molhe com algumas poucas pessoas de costas, apoiadas no guarda-corpo.] *Deste domingo, a criança da qual contamos a história deveria rever por muito tempo o sol fixo, o cenário plantado na ponta do molhe e um rosto de mulher.* [Close da mulher, cabelo esvoaçante.] *Nada distingue as lembranças dos outros momentos: só mais tarde elas se fazem reconhecer, por suas cicatrizes. Este rosto, que seria a única imagem do tempo de paz a atravessar o tempo de guerra, ele por muito tempo se perguntou se o teria realmente visto, ou se teria criado este momento de suavidade para sustentar o momento de loucura que estava por vir, com este barulho súbito* [um avião no ar], *o gesto da mulher* [com as mãos próximas do rosto], *o corpo que oscila* [o enquadramento compreende apenas parte do corpo do homem, de costas, a mulher está de frente em segundo plano], *os clamores das pessoas sobre o molhe* [três pessoas de perfil em plano médio; mais duas pessoas], *confundidos pelo medo* [outro avião, no solo, desfocado]. [Tela negra.] *Mais tarde, compreendeu que havia visto a morte de um homem.*

Assim começa esta curiosa ficção científica que é cultuada por cinéfilos de todo o mundo e inspirou uma adaptação hollywoodiana com Bruce Willis e Brad Pitt, *Os doze macacos* (Terry Gillian, 1995). Em itálico trouxemos, no parágrafo anterior, o texto: os dois períodos iniciais são apresentados por escrito sobre fundo negro, ao mesmo tempo em que são ditos por uma voz em off, que prossegue narrando o resto enquanto imagens estáticas, fotografias, mostram o que buscamos — de modo limitado, como não poderia deixar de ser — descrever nas frases entre colchetes.

Marker diz ter feito as fotos de *La jetée* em um dia de folga da rodagem de outro filme. Como uma "escrita automática", ele teria fotografado uma história que não teria compreendido de imediato. "Foi na edição que as peças se juntaram, e não fui eu quem concebeu o quebra-cabeça." É difícil acreditar nessa declaração, dada a complexidade da narrativa. Seja como for, é uma ironia — que deve ser tomada como uma crítica vigorosa — o fato de Marker realizar uma ficção científica (caracterizada, além do mais, como uma "escrita automática") no momento em que, segundo ele mesmo, estava eufórico com o surgimento do cinema-verdade, que visava se opor ao cinema como ficção e revelar a verdade dos homens e do mundo. Afinal, o que é verdade? Não seria a "realidade" uma ficção? A fotografia, não seria ela já potencialmente cinema? Um filme, não seria ele mais "verdadeiro" ao se "desmontar", assumindo sua natureza de imagens em sucessão descontínua?

La jetée nos diz que a imagem se confunde com a lembrança e dela só se diferencia por suas "cicatrizes". Seria ela capaz de, como certas memórias, chegar a nos ferir? A lembrança infantil é firme e pregnante imagem, o rosto da mulher acompanha por toda a vida o homem em que o menino se transformará. Mas essa imagem não se deixa ver totalmente, não se deixa compreender, não se sabe, senão no final do filme, de que ferida ela é a cicatriz. O homem será feito prisioneiro ao término da Terceira Guerra Mundial, que terá tornado o planeta inabitável. Escolhido entre mil pela força de sua recordação de infância (os guardas espiavam "até os sonhos"), ele é levado por seus algozes a experiências de viagem no tempo, na tentativa de buscar no futuro as fontes de energia necessárias para salvar uma humanidade condenada. O desejo de reencontrar aquela mulher de sua recordação de infância o fará vencer as barreiras a tal viagem. Ele fará diversas voltas ao passado durante as quais estará com ela, sem saber se "dirige-se a ela, se é dirigido, se inventa ou sonha", até chegar — quase — a revivificar inteiramente sua imagem do passado, na bela e quase imperceptível sequência em que a mulher, despertando, bate as pálpebras por alguns breves segundos.

O filme nos capta de forma fragmentada, em pontos de vista desconexos, especialmente no trecho inicial que tentamos descrever acima. Ele põe em xeque a construção imaginária de um espaço homogêneo. Apesar, contudo, de marcar explicitamente a montagem, desnaturalizando-a ao máximo, ele constrói movimento e narração de forma complexa, mostrando que o cinema não depende tanto da ilusão de movimento, do "erro retiniano" que nos faz ver em continuidade imagens se sucedendo à razão de pelo menos 16 quadros por segundo. Esse filme depende de nossa captação pelo que não se vê na imagem. "Das duas horas que você passa em um cinema", como citamos acima, "uma delas você passa na escuridão." E o diretor completa: "É esta porção noturna que fica conosco, que fixa nossa memória de um filme."

Há algo que não vemos bem na cena inicial de *La jetée*, assim como o menino no molhe: essa morte de um homem que "só depois" ele compreenderá ter visto. Há um corpo em queda, porém ele está desenquadrado e de costas. Imagem fugaz, incerta, um tanto "noturna". Esse trecho retornará ao final do filme e será, sob um outro enfoque, sua cena final. Após ter conseguido viajar para o futuro e obter a fonte de energia solicitada, o protagonista sabe que será eliminado por seus algozes. Recebe então a visita dos homens do futuro, que se propõem a acolhê-lo entre eles. De óculos escuros — como para não mais ver tanto — o homem diz não querer este futuro de paz. Pede que o devolvam ao mundo de sua infância e à mulher, que talvez o espere.

No molhe de Orly, neste quente domingo de antes da guerra, o homem *pensou com um pouco de vertigem que a criança que tinha sido devia se encontrar ali também, olhando os aviões. Mas ele procurou primeiro o rosto de uma mulher, no canto do molhe. Correu em sua direção. E quando reconheceu o homem que o tinha seguido desde o campo subterrâneo, compreendeu que não se foge do tempo e que este instante que lhe foi dado ver quando criança, e que não cessou de obcecá-lo, era o instante de sua própria morte.*

Vertigem da imagem: o risco de ver a si próprio, vendo. Instante de doçura, captura poética (amorosa, portanto) que se desdobra insidiosamente em instante de horror insuportável, impossível de se ver: momento da própria morte. Como diz Barthes, vivo na fotografia uma "microexperiência da morte".

Olhar uma imagem implica radicalmente o olhador. Fascinado como o menino do molhe, a imagem toma-o como uma armadilha. Ele se torna imagem — não aquela, razoável e mais ou menos estável, que busca no espelho todas as manhãs, mas uma outra imagem, que o estranha e ameaça como uma fotografia tirada sem seu consentimento, de surpresa e numa má posição. "É pelo olhar que eu entro na luz e é do olhar que recebo seu efeito", diz Lacan. Daí resulta que "o olhar é o instrumento pelo qual a luz se encarna, e pelo qual ... sou foto-grafado". Grafado, escrito pela luz. Como o menino pela câmera, ao passar, de contemplador (de aviões, de um crime) a contemplado (vítima).

Em seu célebre *A câmara clara*, fortemente influenciado pela psicanálise, Barthes vê na fotografia duas vertentes: a que nos levaria a "submeter seu espetáculo ao código civilizado das ilusões perfeitas" e a que nos afrontaria com "o despertar da intratável realidade". À primeira ele nomeia *studium*, dimensão que permite que se teçam de uma fotografia comentários mais ou menos sábios, sociológicos ou classificatórios. A segunda lhe parece mais essencial ao fotográfico: trata daquele ponto fugidio, de localização lábil, que nos obriga a fechar os olhos, diante da imagem, pois ele é pontiagudo, capaz de atingir, furar (os olhos): o *punctum*. Impossível prevê-lo ou generalizá-lo: o *punctum* é sempre singular, pois corresponde ao ponto em que a foto toca o sujeito.

Por entre a sequência de imagens estáticas da mulher dormindo (sonhando, talvez), já sugerindo algum movimento em *La jetée*, somos subitamente tomados por uma revelação. Ela acorda e nos olha de frente. Ela pisca, nesse momento único e breve em que o filme traz uma tomada filmada. Seus olhos se abrem e fecham, como o obturador de uma câmera. Revelação amorosa, revelação do cinema: sou olhado. Não é à toa que o cinema em geral domestica tal "arma", proibindo o olhar frontal dos atores para a câmera.

Walter Benjamin, em 1931, indica que a fotografia possui uma potência analítica capaz de revelar algo oculto à visão (se, por exemplo, um cavalo chega a retirar todas as patas do chão em seu cavalgar, na célebre sucessão fotográfica de Muybridge). "Só a fotografia", afirma o filósofo, "revela esse inconsciente óptico, como só a psicanálise revela o inconsciente pulsional." Não há, porém, paralelo entre os dois campos e sim articulação: o visual se enlaça ao domínio das pulsões que movem o sujeito. Nosso aparelho psíquico, diz Freud em 1900, seria semelhante a um aparelho fotográfico ou um microscópio.

É recorrente na obra freudiana a analogia entre a psique e instrumentos ópticos. Ela visa correlacionar os diferentes "estágios" pelos quais passa a imagem nesses instrumentos com os distintos modos de configuração das representações nas diferentes instâncias psíquicas. Mas também aponta a complexa e privilegiada consideração do visual no campo do inconsciente, como já víamos com a noção de Outra Cena. Se o aparelho psíquico funciona como um microscópio, não se trata de saída de uma cena a se registrar, mas da retirada de um elemento discreto do campo do olhar, para enquadramento e exame pelas lentes. Como dizia Lacan, o que sustenta a imagem "é um resto". Se a psique é como uma câmera fotográfica, ela enquadra e recorta o campo do real, escrevendo com a luz (revelando) apenas um pedaço de tudo aquilo que deixa às sombras. Como nota Philippe Dubois, "uma foto sempre esconde outra".

"Na natureza", escreve Goethe, "nunca vemos nada isolado, mas tudo em conexão com alguma outra coisa que está diante, ao lado, sob e sobre ela." Por isso o grande cineasta Sergei Eisenstein fala da lente da câmera como um machado para desbastar pedaços da realidade. A fotografia recorta tempo e espaço para construir uma imagem. Mais do que um rastro e reflexo fiel do que visa retratar, ela é uma complexa operação que fragmenta a ilusória unidade da realidade e manipula o seu material original de maneira a transformá-lo, ainda que sob a égide da semelhança, em outra coisa. Complexa, densa escrita. Palimpsesto cambiante, passível de variados remanejamentos, como bem mostram, hoje, a fotografia digital e a vasta manipulação de imagens por computador.

Memória e montagem

A cena me parece bem irrelevante — diz Sigismundo a seu analista — *e não posso compreender por que se fixou em minha memória. Vejo uma pradaria retangular, com um declive bastante acentuado, verde e densamente plantada; no relvado há um grande número de flores amarelas.* [*Travelling* da pradaria, acompanhando a inclinação do terreno. Zoom acentuado sobre a flor amarela, dente-de-leão, até que se granule a imagem num amarelo impossível.] *No topo da campina há uma casa de campo e, frente a sua porta, duas mulheres conversam animadamente — uma camponesa com um lenço na cabeça e uma babá.* [Ouvem-se risos. Close em corte seco de cada uma das mulheres rindo.] *Três crianças brincam na grama. Uma delas sou eu mesmo (na idade de dois ou três anos); as outras duas são meu primo, um ano mais velho que eu, e sua irmã, que tem quase exatamente a minha idade.* [Tomadas curtas do ponto de vista de cada criança, trazendo partes do corpo em movimento das outras, correndo em direções opostas.] *Estamos colhendo as flores amarelas e cada um de nós segura o ramo mais bonito e, como por um acordo mútuo, nós — os dois meninos — caímos sobre ela e arrebatamos suas flores.* [A câmera, solta, aproxima-se das flores e demora a ajustá-las sob seu foco — corta para o vestido vermelho da menina.] *Ela sobe correndo a colina, em lágrimas, e a título de consolo a camponesa lhe dá um grande pedaço de pão preto.* [Ouvem-se um grito e o choro infantil. A menina recebe o pão nas mãos.] *Mal vemos isso, jogamos fora as flores, corremos até a casa e pedimos pão também. E de fato o recebemos; a camponesa corta as fatias com uma longa faca.* [A faca corta o pão repetidas vezes, sob diferentes ângulos.] *Em minha lembrança, o pão tem um sabor delicioso.*

Em itálico temos a reprodução textual disso que é uma lembrança de infância do próprio Freud, mas é contada por ele como provindo de um analisando. Entre suas frases inserimos, para ressaltar seu caráter fílmico, uma tentativa de vê-la como filme — pois a *lembrança encobridora* é uma espécie de cena cinematográfica. Seu princípio fundamental é o do cinema: a montagem.

É pouco depois de se deparar com a constatação de que as lembranças de suas pacientes histéricas não eram cenas factuais, mas fantasias, que Freud escreve sobre a lembrança encobridora, cena de intensa acuidade visual, tida como lembrança do passado — em geral, da infância mais remota. É comum que atribuamos a uma ou algumas lembranças desse tipo o status de recordação mais antiga de nossas vidas. Pode-se lembrar com muita nitidez de estar tomando um copo de leite numa grande caneca, por exemplo. Em geral, a lembrança encobridora traz um episódio irrelevante, algo banal, contrariando a ideia corrente de que recordamos o mais importante, relegando ao esquecimento cenas cotidianas e sem valor afetivo. Freud mostra que o banal toma aí o lugar de algo essencial, mas que não pode se revelar como tal. A lembrança encobre outra coisa, um evento dotado de forte valor afetivo, que teria abalado o sujeito. A morte do avô a quem pertencia aquela caneca, por exemplo.

Nossa lembrança mais vívida, mais certeira, é fantasia, é ficção. Freud nos tira mais uma vez o tapete: não somos senhores de nossa própria memória. O caráter radicalmente perceptivo dessas cenas não serve como garantia de que elas foram vividas. "A ficção está no exterior", diz Chris Marker a respeito de seu ensaio fílmico *Sem sol* (1982). O exterior não é realidade, mas ficção, ou melhor, como podemos dizer com Lacan e Freud: a realidade só se sustenta pela fantasia. A fantasia enquadra o real (como a fotografia), lhe dá bordas. Wim Wenders afirma no interessante documentário *Janela da alma* (2001), de João Jardim e Walter Carvalho, que tentou usar lentes de contato, mas sentiu falta do enquadramento que lhe dão seus óculos. Sem estes, ele veria "demais".

A lembrança encobridora nos ensina que uma cena esconde outra, impedindo que vejamos "demais". Essa cena é uma tela, portanto, que encobre a experiência traumática, mas faz ver, através de uma montagem complexa, elementos que permitem o desdobramento de outras cenas, na infindável teia da fantasia. Na recordação de Freud, é o amarelo das flores (deflorar) e o gosto maravilhoso do pão (ganha-pão) que permitem que se reengatem as fantasias referentes ao amor, à pulsão sexual (com a ideia de "de-florar" a menina, arrancar-lhe as flores) e à fome, à pulsão de autoconservação (ao ganha-pão). Esses elementos levarão a duas linhas de associação: a paixão adolescente de Freud por uma menina do campo que trazia um vestido amarelo na primeira vez em que a viu, e a ideia de que ele poderia ter crescido saudável e se tornado íntimo dela, se sua família não tivesse sofrido a falência que a fez migrar para a cidade grande. O amarelo da flor e o gosto do pão são rébus, são escrita pictórica, são imagens-significantes que ancoram uma encenação mítica da própria constituição do sujeito, entre fome e amor, ao mesmo tempo velando e deixando entrever o recalcado. A lembrança encobridora é uma espécie de fotografia, ou melhor, de curta-metragem da infância: ela inscreve, de forma imagética-narrativa, ou seja, deslocada, recortada, enquadrada, montada, o essencial na constituição do sujeito.

O neologismo "imemória" é forjado por Marker para designar uma "memória fictícia", ou seja, uma "memória do imemorável". A memória é sempre ficção, ela deve tornar ficção o que foi vivido de forma "selvagem", deve tornar realista o que foi cheio das imprecisões e tremidos de que falava Merleau-Ponty. Deve-se fechar os olhos, para recordar — e fazer dos fragmentos, dos traços deixados pelo vivido, uma fantasia, um espaço coerente composto narrativamente de modo a dar ao sujeito um lugar, um ponto de vista. É justamente dessa imemória que se trata na lembrança encobridora, cena privilegiada onde a imagem realiza o sonho, graças a um remanejamento temporal que faz dele uma vívida memória. A fantasia aí logra mostrar-se radicalmente verdadeira. "A fantasia é enquadrada", afirma Lacan. Ela recorta, "desbasta" o vivido, como a fotografia — como cada quadro, no cinema, relaciona-se ao que ficou invisível, fora de quadro. Ela monta, então, os fragmentos em um certo delineamento narrativo. Orientado por tal enquadramento dramático, o sujeito estrutura-se como uma ficção.

A sofisticada composição da lembrança encobridora é sustentada por algum elemento fragmentário, discreto — um resto de percepção a ser tomado como uma inscrição na luz, um instantâneo fotográfico. Por vezes, são falas dos pais ou outros parentes, ouvidas mais tarde, que apoiam essa construção retroativa. Em nossos dias, são fotografias de infância, ou vídeos caseiros, que muitas vezes fornecem o suporte para nossas imemórias.

É curioso que o caráter perceptivo da lembrança apresente por vezes um estranho excesso. Assim, Freud diz ter a impressão, na recordação descrita acima, de que há algo errado em sua cena: o amarelo das flores destaca-se exageradamente do conjunto, e o gosto bom do pão é excessivo, quase alucinatório. Isso trai a natureza de imagem dessa recordação, ao mesmo tempo em que aponta nela a implicação pulsante, apaixonada, do sujeito.

Tais elementos por demais reais desarranjam a narrativa e quebram o espaço ilusório que garantiria seu "naturalismo", fragmentam a cena e denunciam sua natureza de montagem, abrindo brechas nas quais o sujeito faz-se, fugazmente, entrever. Como ensinava o cineasta francês Robert Bresson a respeito da montagem: "Não corra atrás da poesia. Ela penetra sozinha pelas junções."

Hitchcock e a vertigem da imagem

É de tal sutil excesso que me parece provir a força da obra de Alfred Hitchcock. Para Jacques Aumont o seu cinema é uma presença, uma "obsessão de presença" de objetos que aparecem inesperadamente e um tanto deslocados, tão bem-desenhados, de contornos tão nítidos "que se tornam impossíveis de olhar e quase esfumados, recusando simbolizar o que quer que seja". Hitchcock toma a fantasia como seu material, explorando sua condição de "obra de arte de uso interno do sujeito", nas palavras de Lacan. Seu cinema constrói belas e coletivas lembranças encobridoras, para num segundo momento descobri-las, apresentando ao olhar as sequências que, escondidas, já pulsavam sob delicados excessos. O diretor nos arma uma cilada, portanto, seduzindo-nos longamente com suas belas imagens, até levar-nos, de repente, a uma terrível revelação.

Não se trata de revelações sob o modo simbólico, porém. Hitchcock tinha toda razão ao dizer que não há símbolos em seus filmes. Não há aí elementos a interpretar, mas uma apresentação em bloco, numa construção cênica impecável, de toda uma "realidade" que vai aos poucos mostrando-se um tanto estranha, até culminar na peripécia que subitamente a faz transmutar-se em outra "realidade". Do escamoteamento inicial, passa-se à denúncia da "realidade" fílmica como ilusão e ao rearranjo de todos os elementos segundo outra linha narrativa.

Hitchcock afirma que sua intenção com *Quando fala o coração* (*Spellbound*, 1945) era filmar "o primeiro filme de psicanálise". O roteiro, de Ben Hecht, foi inspirado em uma novela de Francis Beeding e conta com o auxílio de um consultor em psiquiatria. Constance Peterson (Ingrid Bergman) é psiquiatra e psicanalista de uma instituição psiquiátrica. Ela é um tanto ingênua e tem sempre explicações na ponta da língua, utilizando um vocabulário bastante pitoresco e nem sempre fiel à psicanálise. Apaixona-se de imediato pelo novo diretor da clínica, o dr. Edwardes (Gregory Peck), que começa a apresentar comportamentos estranhos. Após descobrir que Peck não é o verdadeiro dr. Edwardes, mas sim um impostor amnésico, Constance oferece-se ao mesmo tempo como sua analista e sua namorada. Peck acredita ter assassinado o médico antes de tomar seu lugar, mas a moça lhe assegura que se trata apenas de um "complexo de culpa".

É a "análise" de um sonho do amnésico que permitirá que se chegue ao verdadeiro assassino do dr. Edwardes. O psicanalista interessa aqui como um detetive, e a psicanálise aparece como dispositivo de busca da verdade que exige uma prospecção da "realidade" fílmica à procura de uma sequência invisível. Em *Marnie, confissões de uma ladra* (1964), Sean Connery encarna um zoólogo amador que também apelará para a psicanálise buscando a lembrança da infância que determinaria a conduta criminosa da protagonista. É muito curioso que Hitchcock coloque a psicanálise no lugar do que parece ser um dispositivo central em sua obra, apesar de ele mesmo mostrar-se, em entrevistas, indiferente a ela e a questões de sonho e erotismo. *Quando fala o coração* traz a psicanálise de modo um tanto irônico, e não deixa de acenar com uma caricatura de Freud, diga-se de passagem, no hilário personagem do dr. Brulov.

O sonho de Gregory Peck vem após a cena em que ele desce as escadas no meio da noite, perturbado, segurando uma navalha aberta. A sequência é realizada com desenhos de Salvador Dalí e se inicia em um salão com longas cortinas cobertas de olhos enormes — como a figurar nossa posição de olhados, mais do que olhadores do sonho. Uma grande tesoura se põe a cortar um dos olhos ao meio, numa citação a *Um cão andaluz*.

A psicanálise não deixa de servir, portanto, em certa medida, como modelo para a magnífica leitura hitchcockiana do gênero detetivesco. Talvez seja *Um corpo que cai* (*Vertigo*, 1958) o filme que mais explora uma semelhança não formal, mas estrutural, com a concepção psicanalítica da fantasia. Scottie (James Stewart) é um detetive aposentado por sofrer de vertigens após um episódio de perseguição no qual um colega cai de um edifício ao tentar salvá-lo. Ele é procurado por um conhecido, Elster, para seguir sua esposa, Madeline (Kim Novak), que vem apresentando comportamentos estranhos. Elster acredita que a mulher está possuída pelo espírito de sua avó, que se suicidou na exata idade em que ela se encontra. A "realidade" construída pelo filme é, de saída, densa e problemática, duplicada por um plano narrativo encoberto. Scottie entra em cena como um grande olho imparcial e onividente, capaz de perscrutar a verdade ao seguir a mulher, vendo-a inteiramente — contemplando-a.

A partir da bela cena em que ela se joga no mar tendo como pano de fundo a Golden Gate, em São Francisco, Scottie apaixona-se por essa figura enigmática e procura salvá-la, interrogando-a e tentando persuadi-la de que seu sofrimento não passa de ilusão. Em uma famosa cena citada por Chris Marker em *La jetée*, Madeline mostra no corte de uma sequoia milenar a época de que ela teria vindo. Pouco depois, ela lhe diz encontrar-se num corredor espelhado no fundo do qual há só escuridão. Mas é Scottie que está preso em um fantástico jogo de espelhos — assim como nós, espectadores. De olho todo-poderoso, Scottie será precipitado em involuntário álibi de um assassinato, em uma enorme simulação arquitetada por Elster.

De grande olho imparcial e objetivo que coincide com a posição da câmera, Scottie passa a personagem tomado na armadilha da imagem, como bem mostra Ismail Xavier em sua primorosa análise. É a própria construção cinematográfica, seu poder de ilusão, que é aí denunciada, em uma deliciosa e perturbadora autocrítica. *Vertigo* desmonta a fantasia construída filmicamente e exibe seu avesso terrível, capaz de fazer cair o olhador, como Scottie cai da torre, num pesadelo.

Em vez de nos lançar de vez na armadilha, este filme mostra-nos que talvez o cinema jogue com a construção da fantasia, com a montagem do olhar, de maneira a nos provocar vertigens — oscilações da posição do olhador, movimentos provocados pelas mudanças de pontos de vista que lhe são oferecidas. Como dizia Freud, a agitação mecânica —

por exemplo aquela gerada pelo movimento do trem — produz excitação sexual.

Um efeito especial nos faz sentir uma curiosa "agitação", em *Vertigo*, graças a uma distorção de perspectiva. Diante das escadarias da torre de onde cai a protagonista, a câmera se distancia ao mesmo tempo em que suas lentes aproximam a imagem graças ao zoom (é o chamado *dolly zoom*, ou *vertigo zoom*). Em um efeito perturbador e rítmico que lembra o movimento de uma sanfona, nós caímos na imagem, mas ao mesmo tempo somos empurrados para longe. É como se nossos olhos fossem brutalmente atraídos enquanto nosso corpo é violentamente afastado, de modo que se arrancam os olhos. Sacudidos pela imagem, o público e a crítica não aplaudiram muito o filme em seu lançamento. Anos depois, caímos todos de amores por ele.

O Estranho e o espelho

Tal vertigem está sempre à espreita, em nossa relação com a imagem. Ela pode ou não se atualizar, pode ou não ser mais explicitamente proposta. Mesmo quando a imagem propõe-se encobridora, tendendo para a vertente de imagem-muro, pode haver nela brechas que nos apontem fugazmente seu avesso, convidando-nos ao estranhamento da imagem-furo. A imagem nunca é espelho perfeito, onde nós, Narcisos apaixonados, miramos nosso reflexo apaziguador e sem falhas. A própria imagem de Narciso convida, como sabemos, à vertigem que o faz cair e afogar-se no rio.

Curiosamente, é numa viagem de trem que Freud vive uma situação de oscilação frente ao espelho. Num solavanco do veículo, a porta de seu compartimento se entreabre e ele vê aproximar-se um senhor de idade com aparência desagradável. Quando ia levantar-se para dizer-lhe que se enganara de compartimento, Freud se dá conta de que se tratava de sua própria imagem no espelho. O Estranho (*Unheimliche*) marca essa vacilação em que o familiar (*Heimliche*) mostra-se outro, e o campo da fantasia deixa de ser espelho emoldurando uma realidade homogênea para permitir entrever seu avesso inquietante. O domínio do olhar é, assim, assombrado pelo Estranho familiar que Freud, em seu famoso texto de 1919, opõe ao Belo como categoria estética. O *Unheimliche* assinala no visual uma implicação do sujeito, uma vivência que põe em questão o lugar do eu. Viver um acontecimento "em imagem", como diz Maurice Blanchot, é colocar-se "fora de si".

Desde o final dos anos 1960, a psicanálise tomou um lugar importante na reflexão sobre o cinema, especialmente na França. Jean-Louis Baudry foi o primeiro a indicar, em 1970, uma semelhança estrutural da tela com o espelho onde, segundo Lacan, o bebê reconheceria sua imagem entre os seis e os 18 meses de idade. Essa imagem é o núcleo da constituição do eu, marcando uma alienação deste na totalidade ilusória do próprio corpo. A tela repetiria, para Baudry, tal situação originária, tal "cena formadora", convidando o sujeito a uma identificação — ou melhor, constituindo um sujeito (um sujeito-cinema) ao oferecer-lhe um ilusório lugar central. Christian Metz opõe-se a essa formulação, notando que não nos reencontramos propriamente na tela de cinema: o espectador aí está ausente e não pode identificar-se a si mesmo — ele pode apenas identificar-se a objetos.

Deixa-se de lado, nessa querela, o fato fundamental de que o espelho nos oferece, ao mesmo tempo, uma imagem alienante e limitada, e também um sumidouro, uma brecha por onde fugimos à captação da imagem e nos constituímos, como sujeitos, para além dela. Somos e não somos, paradoxalmente, tal imagem.

O jogo do olhar se dá nessa oscilação um tanto vertiginosa e no júbilo ligado não apenas ao reconhecimento de si na imagem, mas também ao fato de fazer-se desaparecer no espelho. É na brincadeira de seu neto de um ano e meio que Freud situa tal estranho prazer de se fazer subtrair à imagem. O menino costumava jogar para longe todo objeto que lhe caísse nas mãos, numa atitude incompreensível para seus familiares. Um dia, sua brincadeira se mostra de forma mais completa, permitindo ao psicanalista entender seu significado. Segurando a ponta do fio de um carretel, a criança lança-o para dentro de sua cama, fazendo-o desaparecer por entre os cortinados e emitindo o som "oooo", compreendido pelos parentes como "*fort*" — algo como "longe", em alemão. Em seguida, ele puxa o carretel para perto de si e exclama "aaaa" — o que seria "da", uma exclamação como "aí está!". Freud vê nesse jogo uma grande realização cultural. Ele afirma que o carretel ocupa o lugar da mãe que o menino faz desaparecer e reaparecer, numa encenação ativa do que ele costuma sofrer passivamente, quando ela se ausenta.

Um dia, a criança recebe a mãe com um surpreendente "bebê ooooo". Constata-se, então, que ele havia descoberto, na ausência dela, uma maneira de fazer desaparecer a si próprio. Diante de um espelho que não ia até o chão, o menino havia brincado de se agachar, subtraindo-se à sua imagem especular. Realização cultural ainda mais notável: o menino já não está preso à própria imagem corporal. Abre-se para ele o campo do olhar.

Em 1973, em seu artigo "Acinema", o filósofo Jean-François Lyotard questiona a unificação imaginária do eu no espelho, em prol da defesa do movimento das pulsões se inscrevendo na tela e, ao mesmo tempo, se opondo, resistindo à tela. Ao lado de suas analogias com aparelhos ópticos, Freud também vê a psique como um bloco mágico, um desses brinquedos onde se pode escrever com um objeto pontiagudo e em seguida, graças a um movimento, tornar a superfície novamente virgem. O bloco é composto de uma camada de cera sobre a qual encontra-se uma fina folha de papel e sobre esta, por fim, uma película de celuloide capaz de proteger o dispositivo. Se um traço é desenhado com o objeto pontiagudo sobre o celuloide, o papel cola-se à camada de cera e deixa ver o inscrito. Se, com um gesto, descolamos o papel da camada de cera, a inscrição desaparece da superfície.

Este modelo interessa a Freud, em 1925, para figurar a memória como uma escrita: inscrição de traços que, mesmo que estejam recalcados, impossíveis de se recuperar pela consciência, permanecem no inconsciente (ou seja, na camada de cera). O bloco seria realmente mágico, diz Freud, se ele, como nossa memória, pudesse trazer à tona novamente os antigos traços que jazem na camada de cera, invisíveis. Ora, como nota astutamente Baudry, o cinema realiza esta magia, ele é justamente um dispositivo que traz à percepção atual uma escrita anterior. O cinema: paixão da memória. Ou, para falar como Baudry: desejo de cinema, ou seja, desejo, inerente ao homem, de obter representações que quase não se distingam das percepções. "Desejo de um real" que seja quase uma alucinação.

Tempo e des-montagem pulsional

Assim como o funcionamento do bloco pode ser interrompido por um gesto que descole suas camadas, o funcionamento do aparelho psíquico seria escandido por interrupções provindas de seu interior. O inconsciente seria capaz de investir com impulsos periódicos as demais camadas do aparelho, como quem estende sensores, antenas, tornando possível a recepção de percepções pelo sistema percepção-consciência e sua transmissão ao inconsciente. Nos momentos de interrupção de tal investimento, ficaria suspensa a recepção de percepções por parte do inconsciente. Há, portanto, um batimento, uma alternância inerente ao funcionamento da psique, e é essa descontinuidade, diz Freud, que nos fornece a origem do conceito de tempo.

Seria absurdo perguntar se tal descontinuidade se daria à razão de 24 pulsações por segundo, como no cinema. Ela não é, provavelmente, regular, não está tanto a serviço da ilusão de movimento quanto da lógica do trauma e da imemória. O fato de o celuloide que cobre o bloco ser o mesmo material da película de cinema não passa de mera coincidência, apesar de ambos os dispositivos — bloco mágico e cinema — deverem sua invenção à flexibilidade desse material. O bloco mágico é um palimpsesto, como nota Philippe Dubois. Ele materializa a ideia de uma justaposição móvel do escrito, da imagem, evocando o "olho móvel" de Aumont. Ele reforça a ideia da memória como montagem, jogo entre o que se vê e o que fica invisível, apesar de inscrito. Mas também indica a presença inquietante do que fica fora da inscrição. Algo pulsa, fora de cena, trazendo o risco de uma desencenação — uma *mise-hors-scène*, na expressão cunhada por Lyotard num jogo de palavras com a *mise-en-scène*, a encenação. Uma potência de desencenação talvez duplique e desestabilize, fora de cena, a fantasia.

São muitos os cineastas que falam do cinema como uma escrita. Para Eisenstein, a montagem é escrita figurativa, assim como os ideogramas chineses — como o rébus no sonho, diríamos. Também para Dziga Vertov, a montagem é a escrita do filme por meio das imagens. Ele afirma, porém, em 1924 — antes, portanto, do advento do cinema sonoro —, que o cinema seria o meio de inscrever, fotografar os sons. O cinema seria, assim, a inscrição de algo impossível de se mostrar como tal — e a escrita se tornaria prioritariamente ritmo. "Tudo está nos intervalos", como afirma, em 1923, a Resolução do Conselho dos Três, manifesto do grupo de que Vertov fazia parte. São os intervalos entre movimentos — e não os próprios movimentos, nem as imagens em movimento — que constituem o cinema.

O cinema faz o tempo, assim como o bloco mágico, graças à intermitência, aos batimentos internos que ele maneja, entre imagem e som, entre narrativa e visualidade. Ritmo — ou arritmia — que movimenta o sujeito, embalando-o ou sacudindo-o. Mais uma vez diremos, com Freud, que a agitação mecânica produz excitação sexual.

No "erotismo difuso" que Barthes atribui ao escurinho do cinema temos uma versão adocicada disso que se impõe como uma constatação óbvia: busca-se (e se obtém, frequentemente) nos filmes mais do que um inocente prazer da ilusão, procura-se um gozo sublime e, portanto, um pouco terrível. Não é à toa que o sexual parece assombrar o cinema, e se esgueira por vezes, de forma enigmática, em sua teorização. O crítico e teórico André Bazin chega a afirmar, em 1957, que apenas no cinema, dentre as outras artes, o erotismo aparece como "um projeto e um conteúdo fundamental". Por sua vez, seu colega Jean-Pierre Oudart afirma um tanto abruptamente que o cinema, ao falar de si, fala de erotismo, e é o lugar privilegiado onde o erotismo virá sempre se significar. E virá não significar, entenda-se, arriscando lançar-nos fora de cena.

Baseando-se em uma noção do psicanalista Jacques-Alain Miller, Oudart concebe, em seu clássico e intricado artigo "La suture", de 1969, que o filme delineia, pela montagem, um campo do ausente que leva a um descentramento do sujeito, mas em seguida é habitado imaginariamente e se fecha em um discurso "suturado". Entre esses dois tempos surge um gozo, uma fruição sincopada que só se pode evocar "em termos eróticos". Mais do que a reafirmação do sentido e da totalização ilusória do espaço como resultado final dessa operação, parece-nos importante ressaltar aí o batimento, a alternância imposta ao espectador, o intervalo poético onde ele surge como efeito de sujeito. Sob o arranjo mais ou menos bem-estruturado, domesticado ou suturado dramaticamente no cinema, é fundamental notar a pulsação de uma potência disruptiva do sexual, opondo-se à totalização ilusória de seu espaço, de sua narrativa — e de seu sujeito.

Para Barthes, o *punctum*, a força capaz de romper a tela e atingir o sujeito, seria no cinema domesticada, no bojo da tentativa social de temperar sua "loucura". O cinema participaria dessa pacificação social da imagem, pelo menos em sua vertente de cinema ficcional; o filme seria "simplesmente uma ilusão". Mesmo mantendo-se no terreno da ilusão, porém, um filme pode tentar furar a tela e atingir o espectador. *Cidade de Deus* (2002), de Fernando Meirelles, tem como nó narrativo uma cena que apresenta uma curiosa apresentação do *punctum*. Trata-se da sequência inicial, que dará vez a um longo flashback, para ser retomada mais tarde e permitir o desenrolar final da narrativa. Buscapé (Alexandre Rodrigues) está sem saída, sitiado entre um bando de traficantes e a polícia. A câmera gira como um olhar impossível do protagonista em torno de si, numa vertiginosa panorâmica de 360 graus. Bruscamente, num gesto redentor, Buscapé empunha a câmera fotográfica e mira o bando de Zé Pequeno (de maneira a conseguir exatamente, graças ao acaso, as fotos que lhe pedira um jornal). Ele aciona então o disparador: ouve-se o tiro de uma arma de fogo. A objetiva é uma arma, a tomada fotográfica é como um tiro, a imagem é um disparo. O tiroteio que se segue, por mais intenso e ultrarrealista que seja, não tem o impacto desse único tiro que explicita, de maneira minimalista, a violência que o filme impinge ao espectador (fora de cena: em sua poltrona). Ou, antes: ao nos mirar no tiro da imagem, o filme faz mais do que documentar a violência do tráfico de drogas, ele nos toma numa violência inerente à imagem.

O próprio Barthes já havia apontado em fotogramas de Eisenstein, em 1970, o sentido obtuso, o significante sem significado, capaz de pôr em xeque toda leitura semiótica em prol da abertura do campo do sentido em múltiplas e infinitas direções. No sentido obtuso importa menos seguir uma de suas significações do que o que ele tem de "emoção". Ou melhor, há nele um "erotismo", diz justamente o autor, que conjuga beleza e mal-estar — a perturbadora perspectiva de ser eroticamente atraído para estar na mira desta arma. Tal erotismo é descontínuo, diz ainda Barthes. Ele aparece e logo some, em um jogo gozoso de presença/ausência que é aquele do *Fort/Da* do netinho de Freud.

O cinema estaria às voltas com tal erotismo. Antes que se marque aí um ritmo de ida e volta, porém, o pulsional é disruptivo como as primeiras manifestações do jogo do menino, que faziam simplesmente desaparecer cada objeto, lançando-o para longe. Atirar (como quem dá um tiro), jogar fora de cena: trata-se de uma espécie de desencenação, que se poderia situar, com a psicanálise, no funcionamento radicalmente subversivo da pulsão de morte. Para Julia

Kristeva, a imagem cinematográfica conseguiria a façanha de fazer passar por identificável algo impossível de reconhecer, a pulsão não simbolizada. "Em termos mais brutais", escreve a psicanalista e filósofa, o cinema "faz passar a agressividade." No cinema, afirma Antonin Artaud, somos cruéis. A desencenação tem algo de cruel, seu movimento é o da compulsão à repetição do trauma, numa tentativa reiterada porém fracassada de inscrevê-lo em uma cena. O cinema exige a rapidez, mas exige, sobretudo, diz ainda Artaud, "a repetição, a insistência, o retorno do mesmo".

A pulsão, declara Lacan em seu Seminário 11, é uma montagem — uma montagem sem pé nem cabeça, como uma colagem surrealista. Se ela monta seus elementos (fonte, força, objeto e alvo, conforme arrola Freud) como quem soluciona um quebra-cabeça, este é irremediavelmente fissurado, deixando ver sua precariedade e trazendo o risco de uma súbita fragmentação. A pulsão de morte assinala o que, na montagem, está prestes a se desagregar. A montagem, de acordo com Eisenstein, é sempre conflito — e não há síntese que o solucione, diria a psicanálise.

A teoria e a crítica de cinema viriam elas resolver de vez o quebra-cabeça e domesticar tal potência disruptiva do cinema? O escritor, crítico e teórico francês Raymond Bellour afirma, em 1984, que a análise fílmica seria presa de uma ilusão. O material fílmico é um corpo sedutor mas fugidio que, segundo ele, "não se pode verdadeiramente citar ou apreender". Sua análise está, portanto, condenada a uma certa deriva — ela não chega jamais a um ponto final que tocaria na essência da imagem, mas acompanha sua fugacidade, refazendo caminhos parciais que a imagem torna possíveis. Desmontando-a. Bellour propõe então que se substitua a ilusória apreensão total do filme por uma multiplicidade de gestos diante do cinema, o gesto de parada da imagem, gestos de passagem de filme em filme, de um conceito a um fotograma etc.

Nenhuma análise, psicanalítica ou outra, seria, então, capaz de deter a imagem, devendo se contentar em acompanhar suas errâncias ou duplicar sua fixidez. Deslizar por "entreimagens" e "entretempos" — nos belos termos propostos por Bellour. Uma crítica, uma teoria de inspiração psicanalítica sabe-se sempre parcial, incompleta e, no melhor dos casos, pulsante, des-montadora, ao sabor de um efêmero e imprevisível efeito de sujeito. E ela se torna aliada de uma reflexão interna ao cinema, que ele mesmo toma em mãos, em muitos filmes, de maneiras variadas, singulares. O cinema tem, sem dúvida, como uma de suas vocações, a reflexão sobre si mesmo, sobre a imagem, sobre o sujeito. Sobre a vida.

Rupturas

O cinema atual parece muitas vezes jogar com seus elementos de composição de maneira a explorar o terreno da imemória, apelando para os intervalos, para a ruptura, a fim de apresentar narrativas que não se dão a ver de imediato de modo linear, mas convocam o espectador a tomar uma posição mais explícita na construção do filme. O primeiro longa-metragem do diretor mexicano Alejandro González Iñárritu em Hollywood, *21 gramas* (2003), traz esse desafio em um roteiro particularmente brilhante, assinado por Guillermo Arriaga. A porção inicial compõe-se de cenas, por vezes muito curtas, algumas de apenas segundos, apresentando momentos variados do enredo. Certos personagens aparecem em mais de uma delas, em situações diversas que não parecem se ligar entre si em um todo coerente. Por entre tais imagens, o espectador vai montando a narrativa em torno do evento central, um acidente em que três personagens, um pai e suas duas filhas pequenas, são atropelados.

Não há um instante único de revelação desse terrível acontecimento. Ele se compõe de forma singular e se inscreve como núcleo da narrativa num tempo imprevisível, sujeito às particularidades de cada olhador. Antes de acompanharmos a mãe (Naomi Watts) recebendo a notícia no hospital, já a vimos desesperada, drogando-se no banheiro ou pondo as meias sujas de sangue da filha na máquina de lavar. Já vimos os corpos cobertos, estendidos na rua sob o olhar da mulher de Jack (Benício del Toro). Mais ou menos no meio do filme, quando os elementos para tal compreensão estão dados, as cenas parecem tornar-se mais longas e por vezes se encadeiam em contiguidade temporal, porém continuam fragmentadas e deixam vários desdobramentos na obscuridade, criando outras tensões dramáticas e configurando, portanto, do início ao fim, um quebra-cabeça bastante complexo.

O espectador já sabe, confusamente, que vai ocorrer tal acidente; quando ele sobrevém, porém, não parece menos terrível por não ser surpreendente. Pelo contrário, ele é estranhamente mais doloroso, graças ao arranjo temporal que forja, em nós, uma memória, um passado: já o sabíamos, de alguma maneira, antes de compreendê-lo inteiramente. Já o tínhamos visto, antes de se apresentar a cena no momento em que ele ocorre — e que não o mostra frontalmente. Por isso, rever uma segunda ou terceira vez este filme não torna, por conhecermos o enredo, menos perturbadora sua fragmentação. Algo monstruoso já aconteceu, e o sabemos de forma tão particular que isso se torna ainda mais pungente.

O que não se mostra, o que não se vê torna-se radicalmente presente. Algumas sequências repetem-se, reaparecendo sob outro ponto de vista e no contexto de uma outra unidade cênica — o trecho, por exemplo, em que Paul (Sean Penn) está caído, baleado, ou aquele em que ele descarrega alguns tiros na direção de Jack. Alguns elementos que não vimos, que ficaram fora da imagem, fora de campo, são rapidamente trazidos nos momentos finais — assim, o sorriso de Cristina ao virar-se para olhar a irmã, atendendo a seu chamado, só depois traz seu contracampo no gesto obsceno feito por esta. E, sobretudo, a cena final inscreve em si mesma um fora de campo paradoxal, pois está ali, visível, mas foge à visão, é quase impossível de se inscrever na memória, no olhar: a morte. Perdem-se exatos 21 gramas ao morrer, diz em off a voz do moribundo. Como figurar esses imponderáveis 21 gramas que assinalam a presença do sujeito? O filme nos lança esse imaterial fardo, essa "libra de carne", para empregar a expressão que Lacan toma de Shakespeare no *Mercador de Veneza*, este peso, este naco de carne que devo perder, este preço que devemos pagar para nos constituirmos. Quanto pesam 21 gramas?

Esses gramas, figuração impossível do que passa entre nós, ou seja, do que se perde, do que os intervalos transmitem num ritmo irregular, nos entrelaçam ao filme ao fazer aflorar a frágil leveza de nossa condição humana.

O cinema com que sonha Merleau-Ponty em 1948 seria não uma soma de regras, de receitas, "mas uma imagem radiante, um ritmo". Incerta e fulgurante pulsação do sujeito.

Referências e fontes

Introdução

O conto "O aleph" está nas *Obras completas* de Borges (São Paulo, Globo, vol.1, 2001); e o poema de Drummond "A máquina do mundo", em *Claro enigma* (Rio de Janeiro, Record, 2001). A citação de Calvino encontra-se em *O caminho de San Giovanni* (São Paulo, Companhia das Letras, 2000, p.41). A máxima de Freud está em *Conferências introdutórias sobre psicanálise* (Edição Standard das *Obras Completas* — *ESB*, Rio de Janeiro, Imago, vol.16, [1917], várias eds., p.336). A afirmação de Barthes foi extraída de "Saindo do cinema", em *Psicanálise e cinema* (São Paulo, Global, 1980), de Christian Metz e outros. A declaração de Marker está em "Marker Direct" (www.filmlinc.com/fcm/5-6-2003/markerint.html).

Freud fala da "narcose" ligada à arte em *O mal-estar na civilização* (*ESB*, vol.21, [1929], p.100). As notas de Andréas-Salomé estão em *Correspondance avec S. Freud suivie du journal d'une année* (Paris, Gallimard, 1970, p.335-6) e, como as demais citações, foram traduzidas por mim.

A cena da realidade

Informações sobre o início do cinema podem ser buscadas em *História do cinema mundial*, organizado por Fernando

Mascarello (Campinas, Papirus, 2006). Os relatos de Jones estão em *A vida e a obra de Sigmund Freud* (Rio de Janeiro, Imago, vol.2, 1989). Freud fala sobre sua inclinação racionalista em "O Moisés de Michelangelo" (*ESB*, vol.13, [1914], p.253).

Jean-Claude Carrière menciona a figura do explicador em seu adorável *A linguagem secreta do cinema* (Rio de Janeiro, Nova Fronteira, 2006). O comentário de Arlindo Machado está no excelente *Pré-cinemas e pós-cinemas* (Campinas, Papirus, 1997). A afirmação de Rancière sobre a imagem está em *Le destin des images* (Paris, La Fabrique, 2003, p.14).

Sobre o gosto dos parisienses pela "realidade", ver o ensaio de Vanessa Schwartz no livro, organizado por ela e Leo Charney, *O cinema e a invenção da vida moderna* (São Paulo, Cosac & Naify, 2004).

A Outra Cena

Ver, sobre tragédia e psicanálise, *A metáfora paterna na psicanálise e na literatura*, de Ana Vicentini de Azevedo (Brasília/São Paulo, UnB/Imprensa Oficial, 2001). A citação de Freud sobre ação e palavra está em "Sobre o mecanismo psíquico dos fenômenos histéricos" (*ESB*, vol.3, [1893], p.44-5). A referência ao caso Elizabeth von R. está nos *Estudos sobre a histeria* (*ESB*, vol.2, [1895], p.162), bem como a frase sobre os histéricos e as reminiscências (p.45). Freud fala do mestre francês em "Charcot" (*ESB*, vol.3, [1893], p.21).

O cinema e o sonho

A citação de Lyotard está em *Discours, figure* (Paris, Klincksieck, 1971, p.260n). Os trechos sobre o umbigo e o egoísmo do sonho estão em *A interpretação dos sonhos* (*ESB*, vol.4, [1900], p.132 e 308).

Filmando a psicanálise. *Segredos de uma alma*

Para o que se refere ao convite de Goldwin e às querelas em torno de *Segredos de uma alma*, ver o livro *Psicanálise na tela*, de Patrick Lacoste (Rio de Janeiro, Zahar, 1992).

O sonho e o sujeito

A frase de Reverdy está em "El soñador a través de las murallas", inserido em *Actas surrealistas*, de R. Penrose e outros (Buenos Aires, Quadrata, 2004, p.115). As considerações de Sartre sobre o sonho estão em *L'Imaginaire* (Paris, Gallimard, 1940). A citação de Merleau-Ponty está em *Sens et non-sens* (Paris, Gallimard, 1996, p.73).

Em busca do sonho, em busca do Real

As afirmações de Buñuel estão em "Cinema: instrumento de poesia", texto publicado no livro *A experiência do cinema* (Rio de Janeiro, Graal/Embrafilme, 1983), organizado por Ismail Xavier, salvo o comentário sobre a recepção de *Um cão andaluz*, que está em *La Révolution Surréaliste* (Paris, n.12, 15 dez 1929). A máxima de Breton é a abertura de *Le surréalisme et la peinture* (Paris, Gallimard, 2000). A frase de

Lacan sobre o olho está em "Maurice Merleau-Ponty", em *Outros escritos* (Rio de Janeiro, Zahar, 2003, p.192).

As reflexões de Aumont sobre o "olho móvel" estão nos excelentes *O olho interminável (cinema e pintura)* (São Paulo, Cosac & Naify, 2004) e *Matière d'images* (Paris, Images Modernes, 2005). Ver também, a esse respeito, o ótimo *Movimentos improváveis. O efeito cinema na arte contemporânea* (Rio de Janeiro, CCBB, 2003), de Philippe Dubois. O livro de Foster é *The Return of the Real* (Cambridge/Londres, MIT, 1996, p.146).

O escuro, a fotografia e o fragmento. *La jetée*

A declaração de Marker sobre a concepção do filme está na entrevista já citada. O trecho de Barthes sobre fotografia e morte está no seu admirável *A câmara clara* (Rio de Janeiro, Nova Fronteira, 1984, p.27). As citações sobre as duas vertentes da fotografia encontram-se na p.175. O trecho de Lacan está no seminário em que ele mais trata da questão do olhar: *O Seminário*, livro 11, *Os quatro conceitos fundamentais da psicanálise* (Rio de Janeiro, Zahar, 1998, p.104).

A citação de Walter Benjamin é de "Pequena história da fotografia", em *Obras escolhidas. Magia e técnica, arte e política* (São Paulo, Brasiliense, 1994, p.94). Lacan diz que um resto sustenta a imagem em *O Seminário*, livro 20, *Mais, ainda* (Rio de Janeiro, Zahar, 1985, p.14). A afirmação de Dubois está em *O ato fotográfico* (Campinas, Papirus, 1993, p.326). Goethe é citado por Eisenstein em *A forma do filme*

(Rio de Janeiro, Zahar, 2002, p.49). Para as ideias do cineasta sobre a lente como um machado, ver "Fora de quadro", no mesmo volume.

Memória e montagem

A recordação de Freud, citada em itálico, consta de "Lembranças encobridoras" (*ESB*, vol.3, [1899], p.277-8). A frase de Marker sobre a ficção está no folheto do DVD *La jetée/Sans soleil* (Arte Vidéo, 2003). Suas expressões sobre a memória estão em *Chris Marker*, de B. Pourvali (Paris, Cahiers du Cinema/Scérén-CNDP, 2004). A frase de Lacan sobre a fantasia está em *O Seminário*, livro 10, *A angústia* (Rio de Janeiro, Zahar, 2005, p.85). O trecho de Bresson é citado no *Dicionário teórico e crítico de cinema*, de J. Aumont e M. Marie (Campinas, Papirus, 2003, p.173).

Hitchcock e a vertigem da imagem

Os comentários de Aumont estão em *Matière d'images* (op.cit., p.18). A frase de Lacan sobre a fantasia como obra de arte foi dita no seminário inédito *O objeto da psicanálise*, sessão de 25.5.1966. A afirmação de Hitchcock sobre *Quando fala o coração* encontra-se em *Hitchcock/Truffaut*, de François Truffaut (Paris, Ramsey, 1983, p.135). A análise de Xavier está em "Cinema: revelação e engano", incluído em *O olhar e a cena* (São Paulo, Cosac & Naify, 2003). Ver também o seu *O discurso cinematográfico. A opacidade e a transparência* (São Paulo, Paz e Terra, 2005). A afirmação freudiana sobre agitação mecânica está em *Três ensaios sobre a teoria da sexualidade* (*ESB*, vol.7, [1905], p.190-1).

O Estranho e o espelho

"O Estranho" (*ESB*, vol.17, [1919]), de Freud, é fundamental para as aproximações entre psicanálise, cinema e arte. As expressões de Blanchot estão em *L'Espace littéraire* (Paris, Gallimard, 1955, p.352). "Os efeitos ideológicos do aparelho de base" é o nome do artigo de Baudry, de 1970, retomado na coletânea *A experiência do cinema* (op.cit.). A observação de Metz pode ser lida em "O significante imaginário", em *Psicanálise e cinema* (op.cit.). Ver também seu livro *O significante imaginário* (Lisboa, Horizonte, 1980).

Freud expõe o jogo do *Fort/Da* em "Além do princípio de prazer" (*ESB*, vol.18, [1920]). "Acinema", de Lyotard, está na coletânea organizada por Fernão Pessoa Ramos, *Teoria contemporânea do cinema* (São Paulo, Senac, vol.1, 2004). Freud apresenta suas reflexões sobre o bloco no curto, porém fundamental, "Uma nota sobre o bloco mágico" (*ESB*, vol.19, [1925]). Baudry menciona este bloco e o desejo de cinema em "Le dispositif: approches métapsychologiques de l'impression de réalité", publicado em *Communications* (Paris, Seuil, n.23, jun 1975).

Tempo e des-montagem pulsional

Dubois fala sobre o bloco mágico em *O ato fotográfico* (op.cit.). As afirmações de Vertov estão em *A experiência do cinema* (op.cit., p.258). Barthes menciona o "erotismo difuso" no texto "Saindo do cinema", inserido em *Psicanálise e cinema* (op.cit.). A afirmação de Bazin está em *Qu'est-ce que le cinéma?* (Paris, Cerf/Corlet, 2007, p.250). Ver, de Oudart,

"La suture", partes 1 e 2, em *Cahiers du Cinéma* (n.211, abr 1969, p.39; n.212, mai 1969).

As palavras de Barthes estão em *A câmara clara* (op.cit., p.172-3). Sobre o sentido obtuso, ver do mesmo autor "O terceiro sentido", em *O óbvio e o obtuso* (Rio de Janeiro, Nova Fronteira, 1990). A citação de Kristeva está em "Elipse sobre o fragor e a sedução especular", publicado em *Psicanálise e cinema* (op.cit., p.96). A afirmação de Artaud está em *El cine* (Madrid, Alianza, 2002, p.10). É em "Fora de quadro", no livro *A forma do filme* (op.cit., p.43), que Eisenstein afirma que "montagem é conflito". As considerações de Bellour sobre a análise fílmica estão no interessantíssimo *Entre-imagens* (Campinas, Papirus, 1997).

Rupturas

Sobre a "libra de carne", ver *O Seminário*, livro 10, *A angústia* (op.cit.). O trecho de Merleau-Ponty está em *Causeries 1948* (Paris, Seuil, 2002, p.58).

Sobre a autora

Tania Rivera é psicanalista e professora da Universidade Federal Fluminense (UFF). É doutora em psicologia pela Universidade Católica de Louvain, Bélgica, e realizou pós-doutorado em artes visuais na Escola de Belas-Artes da Universidade Federal do Rio de Janeiro (UFRJ). É pesquisadora do CNPq e autora de *Guimarães Rosa e a psicanálise. Ensaios sobre imagem e escrita*, na coleção Transmissão da Psicanálise (Zahar, 2005). É coorganizadora de *Sobre arte e psicanálise* (Escuta, 2006). É membro do Corpo Freudiano Escola de Psicanálise, Seção Rio de Janeiro.

Ela expressa seus agradecimentos, para a realização deste livro, a Evandro Salles, Pablo Bergami Barbosa, Anita e Isadora (sempre), Maria Aparecida R. dos Santos, Glória Ferreira, Mônica Alvim, João Batista Ferreira, Renata Versiani, Marco Antônio Coutinho Jorge, Osmir Lopes de Moraes, Luciana Krissac, Rodrigo Alves e todos os alunos que aceitaram o convite a deslizar entre as brechas da imagem e da tela, em busca de poéticas pulsações do sujeito.

Psicanálise **PASSO-A-PASSO**

- **O adolescente e o outro**
  Sonia Alberti
- **Mito e psicanálise**
  Ana Vicentini de Azevedo
- **Sonhos**
  Ana Costa
- **Édipo**
- **Psicanálise com crianças**
  Teresinha Costa
- **Freud: criador da psicanálise**
- **Lacan, o grande freudiano**
  Marco Antonio Coutinho Jorge e Nadiá Paulo Ferreira
- **A sublimação**
  Orlando Cruxên
- **Freud e a religião**
  Sérgio Nazar David
- **O conceito de sujeito**
  Luciano Elia
- **A teoria do amor**
  Nadiá Paulo Ferreira
- **Histeria: o caso Dora**
  Nadiá Paulo Ferreira e Marcus Alexandre Motta
- **A interpretação**
  Laéria Fontenele
- **Freud e a cultura**
  Betty Fuks
- **Política e psicanálise**
  Ricardo Goldenberg
- **A psicose**
  Andréa M.C. Guerra
- **Angústia**
  Sonia Leite
- **Linguagem e psicanálise**
  Leila Longo
- **Para que serve a psicanálise?**
- **A transferência**
  Denise Maurano
- **Depressão e melancolia**
  Urania Tourinho Peres
- **Feminino/masculino**
  Maria Cristina Poli
- **Os outros em Lacan**
  Antonio Quinet
- **A neurose obsessiva**
  Maria Anita Carneiro Ribeiro
- **Cinema, imagem e psicanálise?**
  Tania Rivera
- **Trauma**
  Ana Maria Rudge
- **A paixão**
  Marcus André Vieira
- **Educação e psicanálise**
  Rinaldo Voltolini